●台灣南投縣國姓鄉北港村的三百年老茄冬神木樹洞讓眭澔平「看見台灣」。

●1986年冬，眭澔平與王文化採訪澎湖客機空難

● 1986年夏，眭澔平與劉錦輝澎湖外海採訪

• 以下這些照片是眭澔平從考入電視新聞記者的工作開始接觸快速蛻變的台灣社會，不但採訪報導記錄了台灣黃金二十年的時代，也從政治社會經濟文化生活環保與群眾運動等各方面，化身為不同的報導文學的主述者寫出動人的文章。

國七十七年
視金鐘獎

台視
TTV

CNN

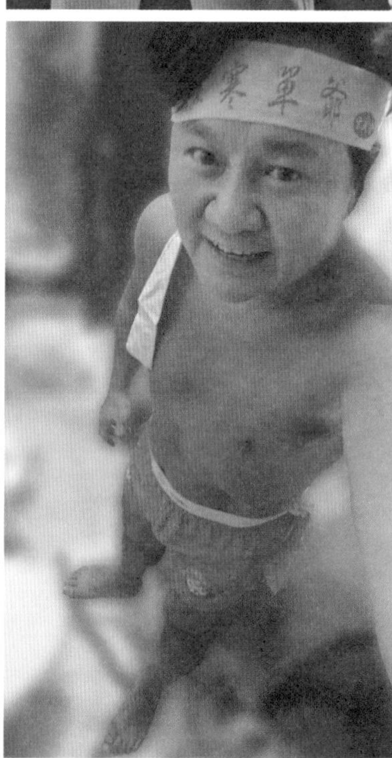
寒單爺

● 眭澔平與柯進輝採訪1988年韓國大統領選戰群眾暴動

【三幅畫給媽媽的畫】

6歲　廟會

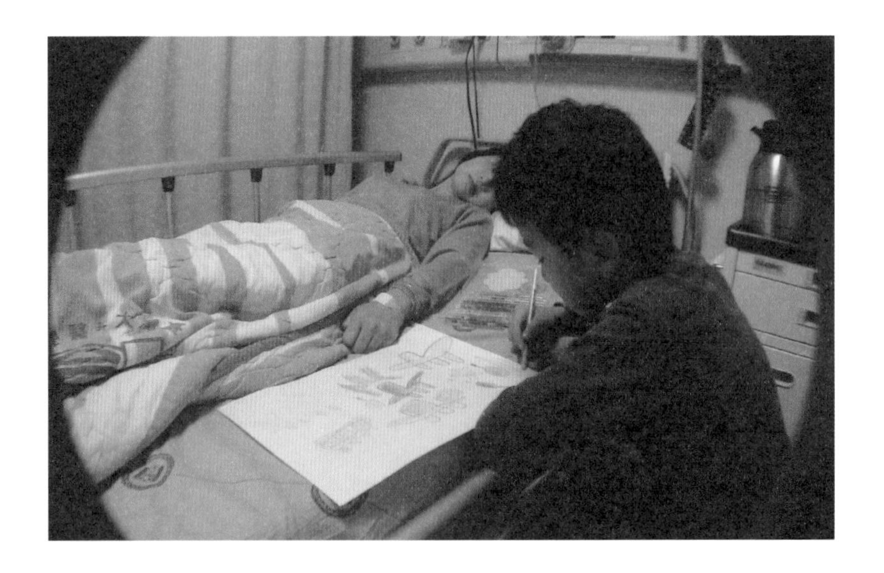

22歲　台大校徽

●畫給癱瘓的媽媽

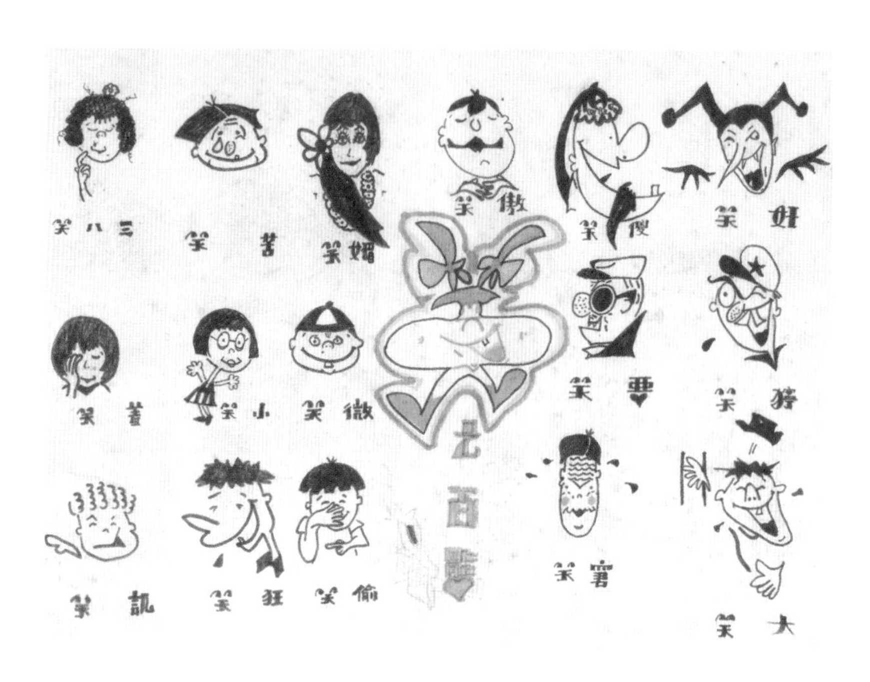
三八笑
苦笑
媚笑
傲笑
傻笑
奸笑
羞笑
小笑
微笑
訕笑
狂笑
偷笑
害笑
大笑
之百態

13歲　笑之百態

@眭澔平
weibo.com/soulmatehp

看見變遷　台灣報導文學

採訪人生歷史情懷

展閱時代脈動

總編導讀

寶島台灣半個多世紀以來，在民主政治與自由經濟的孕育發展下，不但開創了歷史上最安定富庶的新時代，也為全世界樹立出引人矚目的奇蹟典範。然而，這一顆閃爍耀眼的明珠卻同時在詭譎現實的世局影響、海峽兩岸的情勢消長，以及政經社會的多元巨變下，面臨著一波波繼續優勢成長的陣痛與不斷調整出發的抉擇。展閱從一九八〇年代起，一直發展至今的台灣時代脈動，成就了本書十四萬字採訪人生歷史式的報導文學情懷。

眭澔平躬逢其盛，從高中大學到進入社會工作，從電視新聞採訪記者、勤於寫作的報導文學作者、深造博士研究的教授學者——三合一的角色環顧時代省思記錄下，當時八〇年底跨到九〇年初那個劇變年代下狂飆的台灣。整個社會政治經濟的氛圍瀰漫著一種努力就可致富、把握機會就能翻身的夢想，於是從採訪報導重大新聞的機緣，讓他在大時代巨變中深切體會感懷也完整記錄下來，那份寶島人民善良熱忱卻有些懵懂的憨直、惶恐、瘋狂、揮霍與孤獨的糾葛情結。

在這寶島三萬六千平方公里的小天地裡，稠密擁擠的兩千多萬人口，曾擁有高達七百餘億美金的外滙存底，不論從科技經貿工商實力、現代都市化進步，到強固的國防與傳承中華文化的雄心壯志，一九八〇到九〇年代台灣的「黃金二十年」都是台灣自恃的榮耀或是過重的負擔。特別是，期間台灣面對更劇烈的變局：解除長期戒嚴、報禁、黨禁、社運集會遊行的禁令；開放大陸探親、外滙投資、觀光移民。一直到政黨輪替的較勁爭鬥、海陸環境的污染破壞、貪污腐敗等社會不公不義的現象層出不窮；表面富裕奢華下一顆顆顛簸浮躁甚至狂暴的心靈⋯⋯，凡此總總使得台灣在快速提升進步的二十年中，又不斷被拉扯推向著一個又一個驚濤怒海裡的風口浪尖。問題是，民眾的理念素養是否趕得上時代表面飛躍先進的成就？現代都市文明究竟造就了更多的幸福快樂，還是困頓迷惑？這些都是眭澔平在台灣報導文學的作品裡，透過專業記者報導寫作的筆法透徹看見變遷，帶領讀者踏著時代的巨輪，深入一個又一個當時真實新聞的現場，進行理性與感性兼具的全方位思索探討：

我們是否社會愛心溫暖卻難免人際疏離冷漠？我們是否盲目訴諸群眾卻錯亂了民主自由的真諦？我們是否追求金錢權力卻混淆了人生的目標？我們是否炫耀工商科技卻坐視環境持續污染？我們是否揮霍財富享樂卻任憑弱者苦無立椎？我們是否自視文化豐富多元卻無法突破全球國際化瓶頸？我們是否渴求愛與被愛卻始終無法

擴展提昇？我們是否瘋狂尋找刺激卻恐懼不能填補孤獨？

在創作的過程中，澔平藉著時代歷史真實新聞現場第一線上採訪的感受與觀察，運用各種不同的報導文學題材，委婉地詮譯一份經過驗證的理性思考、一份真心與共的感性情懷。探討的層面不但涵蓋台灣當前的現象，也處處觸及屬於人性共通的人文關懷與體悟感動。其中有些是從來極少被運用於報導文學創作的主題，像是災難事件、群眾運動、財經股票、飆車、牛肉場、立法院……，「記者、作者、學者——三者合一」的眭澔平都做了寫作題材上相當大膽可取的鋪陳詮釋，可圈可點。另外在其他有些已經廣為大眾發揮寫作的主題，像環境污染、風花雪月、探親失戀、孤獨寂寞、童年往事、社會評論……，他則巧思睿智於選取真實嶄新的撰寫角度，流暢敘事言情，入木三分，也深得人心。

行文走筆之時，澔平或以自己為第一人稱來說故事，或以記者、老太婆、大學生、阿兵哥、家庭主婦……等主角人物，甚至是無生命的麥克風、輓聯等，作為貫穿全文的主體。整體來看，這本文集統合體現的便是一分奠基於人文關懷，鮮活採訪人生、記錄歷史，反映出台灣「黃金二十年」中兼具歷史觀和時代感的大作——其中既涵蓋從展閱台灣當代新聞歷史所發抒的悲喜情仇，也多層次探索反省台灣現代社會人心千奇百態的流變脈動。

目次

社會狂潮的脈動

家庭親情的脈動

心情心靈的脈動

災難新聞的脈動

一

災難新聞中的人文關懷
——颱風土石流活埋三芝八賢村

突發災變

一九八七年的十月二十五日星期天，就像每個放假的清晨，總是這麼令人貪眠不已，更何況為了即將首次受派出國採訪，前晚一口氣讀完南韓政情的相關論文資料，真到清晨四點才睡。

一聲突如其來的電話鈴響打碎了星期天原本可以酣睡的美夢，倒是那則驚愕的消息早就震去了一切睡意。只聽到電話另一頭當班的范副組長語氣急促地說：「三芝山崩，活埋二十多人，快來！」鏗鏘有力的十二個字重重撞擊在心頭，就像每次在不同時間、不同地點、接獲不同突發狀況卻又同般悲慘的災變消息一般——我總是必須由驚悸錯愕的激動轉為冷靜盤算計畫採訪的專業步驟。這時才回想起昨夜收音機裡反覆傳出的豪雨肆虐快報，想不到才短短的幾個小時，強烈颱風琳恩就帶來如此重創的災情……

在駕駛老哥飛快的速度下，我和攝影記者啟程趕赴生平從來未曾造訪過的台北縣三芝鄉。沿途大雨滂沱，而淡水河高漲的水位亦著實令人驚心動魄，真不敢想像那個位在山間曲折小徑裡的八賢村，又正面臨何等無情的浩劫？幾經向居民輾轉探路，總算逐漸駛近這個陌生的小鎮。畢竟，那時還是個沒有手機、也沒有電腦導航的年代。披上厚重的雨衣，忽然感覺自己就像披戴征袍、趕赴戰場的士卒先鋒，而邁步跨去的目的地卻也竟是如此茫然未知。眼前只能遠眺看見，蜿蜒狹長的山徑早已被一輛挨著一輛的救難車輛塞得只能單向通行，我們三人也在憲警的指揮下，由百公尺外架上攝影器材，頂著雨勢徒步深入覆滿泥濘土堆的災變現場。

順著微傾的陡坡，遠遠呈現的正是雨中那片晶瑩得不能再純淨的青綠；只是隆隆雷動的怪手旁，映入眼簾的卻是另一片厚重黃濁的污泥——二十餘公尺內的幾間依山民房幾乎全都遭其掩埋了。當我們吃力地踏過由抽泥管和消防水柱不斷導流出的泥漿，終於清楚地見到：現場一百多名軍警義消正分頭配合五部鐵牛、六部怪手和附近前前後後好幾台卡車、救護車，正在不遺餘力火速進行搶救。從鄉長江慶榮的口中得知，颱風夾帶的連夜大雨引起山洪爆發，繼而沖垮崩塌的大土丘就在短短不到五分鐘之內，讓清晨睡夢中的村民從此不見天日。

突出英雄

此刻時間才八點左右，但是從四處匯集來的災戶親友、救難人員和採訪記者們，早已經將這個向來平靜的小村落哄嚷得教人心情如箭在弦，又像驚弓之鳥。這份蓄勢待發的情緒，可能是幸運掘出生還者重見天日的喜悅，也可能是……抬出罹難者天人永隔的無盡哀慟。只見老遠趕來的台北縣長林豐正表情肅穆的站立於斜坡旁，黑傘下透出的是一張同樣蒙塵的面容，流露的也依舊是大家共同的殷切救人脫困的期望。我急忙拉回正四處拍攝救災畫面的攝影記者，幾個箭步便將麥克風湊上了林縣長的嘴邊；訪問的話題正是縣政府的緊急救助計畫和災民善後的撫恤方式。縣長誠摯表示：台北縣政府決定動用急難救助基金全力濟助災民，同時呼籲社會共同伸出援手出錢出力，一同幫助村民重建家園。

斜織的雨絲中，我突然發現災區中央正站立著一個短碩的身影，經人指點才知，他便是這個八賢小村的楊政勝村長。從他鎮定冷靜又沉著的面龐，以及不時由他口中傳出的哨音，帶動了整個慌亂中自見條理的救災工作。其實，直到現在我還是無法想像，他是如何按捺自己心中的痛楚去全力搶救鄰舍的村民？畢竟他雙十年華的愛女也正和其他十八名鄰居遭逢同樣生死未卜的處境。不久，黃泥堆裡突然露出了他斷氣的女兒，白淨的手中還緊握著清晨赴鴨寮餵食的小鋁盆。這一剎那，只見狂風暴雨無情地襲掠過他的臉孔。淚水簌簌地奪眶而下，嚎啕哭嚷的還是那名親人，既熟悉又終將陌生的名字。

時光一分一秒的過去，沒有盡頭的時間換來的卻是一個個生命盡頭的悲劇。當脆弱的生命面對大自然無情的摧折斷喪，人類除了無奈，似乎只剩淚水。親人失聲的哭喊，哀戚溢於言表，畢竟圍在一角的每具屍體都是他們心中的摯愛；至於滴落在一張張白布上的熱淚，也只能算是他們為心愛的家人最後一次付出的溫暖。焦燃的冥紙、裊裊的香煙，伴著這世界上有情、無情的一切，頂著重重的雨點飄向著更遠的天際。

剎那間，生命的輪盤好似也在我的心頭翻攪滾動，而這刻骨銘心的一幕膠著其他同樣嵌印在我這個實地採訪記者心底的感受，正在煎熬、滾燙、沸騰……。

我知道，如果我不是新聞記者，絕對不會在這個時間，出現在這個地點；如果我不是電視新聞報導工作者，我也只要事後蒐集彙整中央社的通稿資訊，洋洋灑灑寫成報章雜誌的專題報導即可。至少可以不必趕在第一時間，到這樣慘絕人寰的災變現場，目睹這樣一群人遭逢這樣一番悲慘世界的際遇。當然，也更不可能在一個豪雨的清晨將自己推向這樣一個陌生的村鎮，踩在泥石流裡，深人體會採詢他們的悲歡疾苦，甚至還將自己年少的心情與他們一同赤裸承受鞭笞衝擊。

突然感悟

此刻忐忑迴盪的心弦就如同那撞擊在太極峽壁中削裂的巨石，亦如狂吼在澎湖外海裡洶湧的波濤——腦海不停湧現的竟是我曾歷經一次次災難新聞採訪現場的混亂與悲涼。

直到歷經二十多個月的新聞採訪，二十多年生命的歲月裡一向被自己忽視的社會人群，才頓時和我個人生命的經驗悄然結合。這分深刻的感受，正是目睹罹難家屬噙著淚水在南投旋風瀑布遍谷尋拾親人肢骸的心情，聆聽尋兒老父喃喃自語在澎湖目斗嶼外海招魂獨子亡靈的心情，以及後來我又陸續歷經韓國光州選民石雨棍林的暴動攻擊，以及大陸天安門事件學生靜坐絕食的經歷之後，那份慨歎世事無常的心情。

每當此時，我便總會泛起一股莫名的豁達，因為以往原本跟自己遙隔天涯的人們，竟然在瞬息之間與我近在咫尺、聲息相通。他們的喜怒哀樂、悲歡離合，甚至生離死別的境遇也不再只是報端一角的粗黑標題，或播報台上那則言簡意賅的新聞稿頭。我陪著他們等待著奇蹟，亦間或歷經同樣失望的煎熬；不論是喜是悲、是成是敗，隨著生命節拍所律動的，始終是一種休戚與共、無法割捨的關愛。這份來自人文情感所油然而生的社會關懷，終於使我在面對任何一件突發災難現場採訪的心境，才真正由最初的緊張畏懼昇華為真摯的感同身受。

時間接近正午，細雨依舊下個不停，救災工作決定暫告段落。

在四、五個小時的全力搶救下，從八十三號和八十五號兩間民房中，已經共掘出十二具不幸罹難的村民屍體。現場到處籠罩的都是一片愁雲慘霧。林縣長焚香祭拜亡靈之後，繼續趕赴汐止地區視察另一頭嚴重的水患，而我們也完成採訪攝影，必須趕回電視台剪接製作，馬上在午間新聞時段搶先發稿播報。

臨行匆匆，我忍不住回首遠遠地再向罹難者的停屍處行禮，致上深深的一鞠躬。仰頭只見青山翠谷依舊，正以無比鮮嫩的青綠襯托著這個方才驟經災變、天人永隔的三芝八賢村，那冷酷的綠幾乎令人嗅不出一絲劇變後的氣息；而阻絕陰陽的淺黃土丘也只是靜靜地淌著泥水，無視一旁哀慟逾恒的人群。此情此景彰顯的或僅是在提醒著我們：人類生命何其渺小脆弱。

歸途上，那首人類面對天災人禍亙古未歇的輓歌不時迴旋在腦海，低吟的長短調恰似母親病逝時一般的淒苦。人們經歷多變的世事，除了反覆輕誦悲涼的歌曲之外，是否身居其間的我們，也不該再吝於彼此愛心與關懷的付出呢！

後記：二〇二四年十月八日正值山陀兒颱風侵襲台灣，當年我曾服務的電視台新聞打出快報——「三芝八賢里大面積走山土石壓毀路」。我一面看著電視，一面有種時空錯亂的感覺，前後三十七年的歲月正靜止般回到了原點。影片裡的記者換成了年輕的晚輩，而我們現場採訪報導的竟是同樣的新聞內容。

太極峽谷下的挑戰
——山崩黃泉艱困採訪路

很多電視新聞的觀眾習慣暱稱我為「台灣首席災難記者」，這或許是因為我初入新聞界首先被分派主跑的路線之一，便是社會、警政、司法等重大案件或天災人禍的突發新聞。

事實上，經由一次又一次的艱苦歷練我卻深深感到，當一名「災難記者」在嚴峻的時間壓力與不易取得報導線索的考驗之下，想要採訪變化多端的「災難新聞」，不但對採訪報導的能力是最難得的歷練，其之於人生的思考及啟發的可貴影響更是無遠弗屆。畢竟，沒有任何一個國家能夠絕對避免突發的不幸事件，也沒有任何一個社會不對這樣的災變橫禍投以最真摯深切的關注。兩相映照之下，災難新聞的背後便自然呈現了我們社會人群裡最赤裸、最真實，也最感人的一面。在一個個驚心動魄的採訪現場，我從涉世未深的陌生恐懼，到心靈撼動地油然生成一分真摯的人文關懷。這段過程不僅僅是我在自己人生中最珍惜的成長歷練，其實也是在當年台灣社會的紛忙雜亂中最需要審視的一份真性情。

記得第一次受派離開大台北地區，趕赴南投竹山採訪大型的山崩災難新聞，汗流浹背地攀爬在太極峽谷中，當看著加走寮溪裡救難人員背負著一具具屍體涉水而過，我突然在這天人永隔之際覺得自己就像溪底的石頭，對於流逝的生命只能兀自感歎。人生無常的摧折打擊，儘管我們歷經過千萬年的等待才僅有眼前這交會的一刻，卻改變不了死生依舊的無奈。在疏離的現代社會，願以這段採訪過程的感懷，時刻提醒自己：莫忘畢業進入社會、投身新聞報導採訪工作，那一種服務人群的善美初衷。

這是一種人性初始對於精神與心靈最純粹的強烈撼動。

挑戰人生崎嶇險境

一九八六年五月二十五日中午，位在南投縣竹山鎮的新興風景區太極峽谷發生山崩的不幸事件，造成了將近五十名遊客不幸死傷活埋的慘劇。面對這樣一件突發的災難新聞，當時主跑社會新聞的我，為了深人採訪搶救工作的進展，特別在公司的調派下與攝影記者王文化、駐台中記者郭立人和余如季、余昆泰父子共同組成「山難聯合採訪小組」，準備深人山崩現場，做出最快速的災變報導。

然而，大鞍山區地勢陡峻，發生山崩的災變地點又是必須得來回四、五個小時山路才能走到的「中杭段」。因此，記者們在採訪的時候，不但需要以充沛的體力和耐力應付跋山涉水的艱辛，另一方面在電視新聞即時播出的時間壓力下，更需要精確把握稍縱即逝的採訪時間，儘快拍攝、訪問、寫稿、配音，再經過剪接之後，將影帶從台中用微波傳送回台北總部。如此一來，如何在最短的時間裡克服一切困難，完成詳實的立即報導就成為電視記者最大的挑戰。

秀麗峽谷危機四伏

記得在那一次的新聞採訪過程中，我們曾經兩度搭乘省政府直昇機到災區上空，從空中鳥瞰災區進行立體報導，並且連續兩天冒著天侯和地形上的危險深人偏遠的災變現場，實地採訪搶救工作進展的情形。面對秀麗的峽谷，無情的世事，對於當時剛考進電視台新聞部門工作不到一年的我來說，實在是一次相當難忘的採訪經驗，尤其那是我第一次深人這樣一個遙遠陌生的台灣山區。

凡是曾經去過太極峽谷的人，應該都會被當地原始自然的景致所吸引，但是隱藏在山明水秀背後的，卻正是急流漩渦和深潭滅頂的危機。特別是沿途必須先跋涉一段竹林斜坡、曲折山路、湍流橫阻的漫漫長路，這些也都是採訪過程中精神體力最嚴格的考驗。

在此必須介紹交代一下一九八〇年代世界專業電視新聞所使用的編組配備器材，不但昂貴價格好比一台奔馳寶馬雙B名車，一扛一揹的雙機連線分離式的攝影機和錄影機重量總和更超過三十公斤，這些還不算外接式的插線麥克風和攜帶式的藍波彈帶式電池補光燈具及腳架。我們當年所使用的是剛從十六釐米膠捲影片過渡到所謂四分之三吋寬的專業錄影帶，一卷就有兩三本小書的厚度，卻只能拍攝二十分鐘，每次開機還要暖機對白校正色差。這也是為什麼少數沒有電視新聞實務經驗的傳播學者，隔行如隔山批評電視新聞膚淺狹隘缺乏深度，實則不了解電視媒體的新聞報導特性，其在外出採訪礙於器材分配，當年都必須由採訪組長針對當日新聞半小時到一小時篇幅的時事重點，依照原本記者各別的採訪路線統一調度派任。

窮盡體力迎向挑戰

當第一天台中記者余如季首先下達溪谷到現場採訪後，第二天我們便因實際狀況需要，決定再度深入山區，終於親身體驗了那種刻骨銘心終生難以忘懷的艱困歷程！

一早，天色尚是漆黑迷朦我們就從台中出發。駕駛簡武男忍著惺忪睡眼，我和攝影王文化一行三人驅車直奔南投竹山，一路就這麼披星戴月的準備在日出前趕到太極峽谷的入山口，以便深入落差高達四百五十公尺的溪谷。

雖然前一天余如季前輩的經驗提供了不少的幫助，使我們在飲水、乾糧和服裝上都有較充分的準備，孰料天公不作美，當晚台灣中南部山區連夜豪雨不斷，風雨交加的天氣，不僅使得所有山路泥濘不堪、寸步難行，溪谷中的河水更是暴漲湍急，較岸邊的水路更為濕滑危險。但是為了讓上百位受困或死傷的遊客家屬能夠了解山崩現場最新的狀況，身為第一線的電視新聞工作者，確實深具職責使命，應當帶給傳媒閱聽受眾第一現場最真的影音畫面，尤其是最新的救難進展。

既然已明瞭在那個年代，電視新聞文字記者和攝影記者一組受派外出採訪的基本配備，必須揹著電視台專業 U-Matic 攝影機外加錄影機，兩個笨重的雙機外掛的採訪裝備，對於徒步來回上下攀爬在坍塌的太極峽谷中，辛苦程度可想而知。回想那時一路上，所有的救難人員都曾提醒我們千萬小心，因為每年在這種天氣裡總會有五、六個人踩滑摔入漩渦四布的加走寮溪跌死溺斃；更何況山崩震盪出事之後，谷中大小碎裂不斷，隨時可能再度發生大小落石。結果就在幾乎所有各路媒體記者們盡數撤出的同時，我和攝影記者還是選擇了這條可能的「不歸路」，扛著笨重的攝影機循著搬運屍體的山青和海軍陸戰隊健兒，一步一步邁向那神秘的太極峽谷。

谷底悽涼慘不忍睹

回憶當時的情況，在新聞時間的急迫下，面對這樣突發的狀況，爬與不爬下峽谷實在是內心交戰最難的抉擇。事實上在那時心裡根本沒有想到會有什麼危險不危險，只在想自己不但不能漏新聞，更要趕新聞。必須算好時間體力在稍後晚間新聞前三小時，能爬上來回到入山口。接力在那個沒有SNG衛星傳送的年代，得像希臘斯巴達的戰士一路打帶跑，車上兩小時完成寫稿、過音、編輯剪接完成最新最完整的現場報導，從台中新聞中心，以微播倒送傳到台北，現場獨家頭條新聞立即播出。

只是我們才往下爬山不到二十分鐘，首先面臨的就是山谷中令人近於窒息的氣味。原來由於屍體陸續從谷底搬到出山口，在陰雨潮濕的天候下，只能用塑膠袋或睡袋簡陋的包裹，因此早使得沿路到處瀰漫著濃重腥羶的腐屍氣味。當我們跌跌撞撞愈是接近災變現場，整個窄長的谷底便愈是這般襲人的氛圍氣息。偏偏「屋漏偏逢連夜雨」，布滿青苔的岩石溜滑不已，前面提過兩人照顧的攝影器材達到三十公斤，不時必須貼著岩壁向前行走，抬頭望著峽谷的一線天，自不免驚心動魄。誰知一個急轉彎，石塊絆了前腳，人便滾到溪谷，搞得全身上下盡濕。接著繼續趕路的途中，又在濕長褲的黏附下，大腿劇烈抽筋，不得已只有穿著運動短褲再接再厲，等我們爬到現場時早已深感去掉半條命，恍如隔世。

在淒風苦雨的籠罩下，山崩災變的現場一片慘不忍睹的悲涼景象，對於涉世未深的我們兩個記者，才都只是剛剛同期考進電視台半年多的菜鳥，身處重災區的谷底有如自我人間煉獄的生命谷底，煞是步步驚悚、不寒而慄。畢竟在瀑布頂端似乎總感覺有幾塊隨時會墜下的巨岩，而災變當時上百名來自基隆正在團體留影的遊客，就是被這些崩落跌撞山壁而碎裂削尖鋒利如血滴子的石塊，飛速不及閃避以致造成我眼前如此屍塊遍地橫死的冤魂，讓人在痛心疾首之餘亦處處怵目驚心。

山裡的氣候忽風忽雨，身上也分不清到底是雨滴還是汗水，在泥濘崎嶇的路上跌了再爬起，撞到岩石上，也只有抿著嘴忍痛繼續走。霎時間好像整個世界的脈搏都停止了，只有湍流潺潺的水聲、鞋子摩擦在岸邊碎石上的輕響和自己的心跳。那一刻生命沒有了可親的主宰，更沒有後援的支柱，只剩下自己內心堅決的意志。

團隊接力完成任務

在採訪過程中，心靈的震撼固然是真實的衝擊感受，面對一分一秒流逝的時間壓力，電視新聞是否能在這樣艱苦的採訪後，當天立即順利播出才更是重頭戲。特別當加上來回四、五個小時山路的步行時間中，如何能在當日的午間及晚間電視新聞都可以立即看到最新的報導，自然令我們在行前計畫中絞盡腦汁。最後，我們用了「打帶跑」的戰術，也就是團隊快速的接力方式完成任務。一方面我和攝影王文化不斷深人現場，另一方面助理則在午間新聞傳送微波截稿的最晚允許時間前中途折返直奔台中微波站；等到我們深入現場採訪完畢於傍晚趕往台中時，再迅速就地配音剪接，趕上晚間新聞。這種接力賽跑的採訪方式在駕駛簡武男的配合下，每次一個多小時來回四趟，穿梭於台中和竹山之間。幸好搭配得天衣無縫，總算使得當天不但頭條新聞順利播出，在採訪的內容上也儘可能面面俱到。現在想想：新聞採訪時當機立斷的運籌帷幄真是致勝的關鍵。

突發的山崩災變終究平息了，不過採訪線上的閱歷卻悄然與我年輕的生命結合。電視新聞記者的鬥志與潛力實在是無可限量，對於經過五關激烈競爭才考進電視台所從事的第一份新聞工作，確實鞭策自我發揮青年的執著熱忱，累積專業實力歷練，終於次第超越突破一切的限制與阻撓。

套一句當時我寫在採訪手札上自勉的話：

「真正的困難與敵人往往是存在人們自己的心裡，今天我所克服的，不僅是窮山惡水的考驗，更是存在心中曾令我猶豫畏懼的敵人。」

澎湖空難歷險記——跟自己賽跑的三季新聞採訪

漫長的新聞馬拉松

一個突發性的災難新聞前後延續了四個多月，而且其間的發展撲朔迷離、高潮迭起，數度成為全國矚目的新聞焦點，這樣一個特別的災難新聞事件，即使在全世界也是相當罕見的；然而，一九八六年一架春節加班機，編號二二六五的七三七客機在澎湖的不幸空難事件，卻創下了這些特別的紀錄。當時我是新聞界的新兵，在接跑最困難辛苦的社會路線才兩個月的情形下，從那年的二月到六月之間，三度受命直派澎湖外海實地採訪。

談到澎湖空難的新聞熱潮，那是從一九八六年二月十六日傍晚的六點四十分起正式揭開序幕的。當時一架編號二二六五的七三七客機由於在馬公機場鼻輪降落不當，而於重新拉起之後離奇失蹤；隨後在連續七十二個小時的軍警聯合海陸空地毯搜索下，卻一直找不到失蹤客機的下落，機上乘客和機員的生死也令人擔憂。於是在搜尋工作暫停之際，航空公司從新加坡請來了深海探測專家彼得·汪奇加入搜尋行列，卻因為外海天候不佳而耽擱了一段時間，最後終於在三月上旬，用深海定位器收到了失事客機黑盒子自海底發出的音訊，這才確定失蹤客機不幸墜海的事實。隨後航空公司正式委託華龍打撈公司展開確定方位、深海攝影和主體打撈等第三個階段的作業，總算經過一個月的努力，先後撈起罹難者的骨骸和足以鑑定失事原因的黑盒子。

彼此相逢竟是無緣

這個令人遺憾的不幸事件，固然對罹難者的親友來說，是一項晴天霹靂的惡耗，對於最重視飛行安全的航空公司來說也是一次極大的警惕。至於，對當時曾經參與採訪的新聞記者們來說，更好比經歷了一場橫跨三季，最漫長的馬拉松競賽。

由於這個突發事件發生的地點是偏遠的澎湖外海，因此原本平靜的村鎮一下子就集結了各方人馬。問題是，交通不便首先就嚇住了不少同業。單從大赤崁碼頭雇船出海到目斗嶼西北方的失事海域就要三個多小時的航程，如果由馬公港出海則更將超過一倍以上的時間。同時，當年當地的陸上交通也並不十分方便，計程車幾乎都集中在觀光客較多的馬公市區，使得常得奔波於碼頭、機場之間的記者們不但得自雇昂貴的包車，還常常有叫不到車的苦惱。再加上整個澎湖對外的飛機班次本來就有限，又尚未開放夜航，所以每天要發稿、傳送影帶的電視新聞記者們自然又是一番精打細算，無不掐準飛機班次，以便掌握時效好把新聞傳回台北隨後立即播出。

面對這樣一個特殊的採訪環境，雖然我和攝影王文化有當時台視駐澎湖記者孫續周的鼎力協助，但是，偏偏採訪關鍵對象的那家航空公司已經忙得焦頭爛額，招架不了「各方神聖」新聞媒體，最後只有對所有事件進展、行動計畫和主管的行蹤全採取相當「保密」的態度。這麼一來，「相逢自是有緣」的全國各媒體記者們，一朝相會於海上蓬萊卻唯有各自暗中較勁、各顯神通了。我當時就是在如此一場白熱化的採訪競爭下，於農曆春節後四個月三度投人這則空難事件最為激烈的新聞戰場。

另外相當特別的是，這三個新聞採訪的階段，分別發生在三個不同的季節：從農曆年東北季風沙塵漫天的冬季客機失蹤，接著略帶寒意的陽春三月確定了客機墜海的事實，一直到乾旱炎熱的仲夏溽暑展開機體打撈，個中滋味真是「如人飲水，冷暖自知」。畢竟，隨著季節時序的轉變，澎湖外海的天氣也由狂風巨浪、春寒料峭轉變成烈日當空，連採訪的服裝都由大衣夾克、西裝襯衫變成背心短褲，真是一場記者「長期抗戰」的採訪馬拉松。

第一次特派到澎湖採訪是一九八六年的二月十七日到二十日，那時候整個事件好比是個撲朔送離的偵探小說。記得當時大家都猜不透，為何一架好端端的飛機會在馬公驚鴻一瞥後神秘失蹤呢？又為何在空軍出動兩架C一一九飛機、一架直昇機配合海軍巡洋艦和「水鴨子」快艇全面搜尋下，都沒有一點蛛絲馬跡呢？有人說最後目擊飛機向鳥嶼上空飛過，有人說吉貝嶼也有可能迫降，更有人捕風捉影的說：搞不好飛到海峽對岸去了……。

大黑水溝威力懾人

就在如此困惑的情形下，眾家記者們於是得在白沙分駐所裡的臨時搜救指揮中心等待最新消息，同時還得隨時奔波於大赤嵌碼頭、馬公機場或軍方指揮部之間，仔細留神各處的風吹草動。到後來為了深人報導搜尋工作的進展，並實地訪問離島鳥嶼上的最後目擊證人，記者們更顧不得海上八級風浪，爭相雇用簡陋的漁船赴外海採訪。當然，我和攝影記者王文化也扛著又揹著笨重的攝影器材在漁網輪機間晃得七葷八素，撞得鼻青臉腫。有如大搖籃一般的漁船上別說沒有坐的地方，連站都站不穩，攝影記者拍攝的時候，我就只有緊緊的抱住他以穩定畫面。

在這樣汪洋一粟任憑風浪侵襲的情況下，電視記者不但要顧慮畫面拍攝不能讓觀眾看了暈船，另一方面更要隨時避免兩側打來的滔天巨浪灑著不防水的昂貴攝影器材。澎湖外海冬季風浪之大，真是生平第一次領教，有一段當我正在漁船上現場播報的時候，突然就是一個大浪捲到船心，打得我滿頭滿臉。這一幕景象，即使我事後再看錄影帶還是不免捏把冷汗。只不過，驚訝的是當時在船上卻一點也不知道「怕」，反倒唯獨記掛著：此番出海，能否順利趕得及把影帶送上最後一班機帶回台北，電視新聞採訪工作對於記者在時效性的壓力可想而知。

到了第二次的澎湖之行是從三月十一日到十三日，澎湖已有初春氣息，外海的風浪也平靜多了，特別是歷經第一次八級風浪的考驗，我當然具備更充沛的信心再次暫放台北的任務，又被派飛澎湖，繼續出海採訪。

沒想到過去從沒暈船紀錄的攝影和我，竟然痛苦的體會了那種「吃一粒酸梅就吐一袋酸梅湯」的滋味，尤其越是到號稱台灣海峽第二道「黑水溝」的失事海域就暈得更加厲害。「黑水溝」無風三尺浪，波濤暗湧的威力，那時可真是活要把我們的心肝都給催吐了出來。

蒼白無力，胃腸翻絞之際，我和攝影記者必須隨時牢牢盯著海軍五二五軍艦上蛙人下海的動靜，特別是小船上彼得．汪奇操作深海探測器的一舉一動。那時候，我們採取的則是「輪流擺平」的策略；也就是當一個人暈的時候，另一個人看著，等到實在快撐不住時，再趕緊搖起另一個人換班守候，就這樣艱苦的度過船上五個多小時的煎熬。真可說是「行船人」的「心事誰人知」。

緊迫盯人飛車追逐

除了暈船之外，在這次的採訪過程中也出現一件「飛車追逐」的事件。

由於彼得．汪奇測出了失事的地點的大致方位，海軍陸戰健兒將配合隨時赴外海進行深海潛水作業，因此彼得的行蹤就在航空公司事事保密之下，成為唯一可以掌握的線索。為了盯牢彼得，我特別在馬公寶華飯店訂了一間和他對門的房間，同時再三拜託年輕美麗的櫃枱小姐動之以情，幫我們打聽彼得的動向，特別是每天清晨叫早服務設定的時刻。結果隔日如此緊迫盯人的方式果然奏效，就在三月十二日清晨五點，總算守到了準備避開記者偷偷出海的彼得和航空公司人員。雖然應驗了「早起鳥兒有蟲吃」的道理，但是沒想到他們的旅行車居然為了甩掉我們尾隨的計程車，竟在市區街道亂繞。淒慘的是：我們跟丟了，連原本同行的兩名報社記者也不見蹤影。我只有「押寶」，預估他們一定會由大赤嵌碼頭出海。等到我們兼程趕去卻不見人影，焦急無助之下，不覺臉上一陣紅一陣綠，幾乎都快哭出來了。不久才終於欣見探測人員一行正於「周遊列國」之後姍姍來遲，大家再次相見，彼此臉上又是一陣紅一陣綠，只有我倒是開心地笑了出來。這場新聞追逐大戰才開始，就牽動各路人馬進人了另一個階段，最緊張懸疑的高潮！

至於，第三次的澎湖採訪就令人更不可思議了，原本只準備待兩天的行程，居然一住就是十二天，打破了國內出差採訪即時社會新聞最長的紀錄。這次採訪的對象逐漸從航空公司和軍方轉移到了負責打撈的民間華龍潛水公司，後來還有更為緊張刺激的採訪挑戰。在這十二天裡，原本三天兩頭頂著炎炎烈日，在三十六、七度的高溫下雇船赴外海採訪一兩次即可。問題就在於沒有人能預測，哪一次的打撈會找到黑盒子或罹難者的遺骸？所以在新聞的競爭壓力下，為了拍攝到關鍵性的一幕畫面，只有每天都奔赴外海，目不轉睛全程投入。

偏偏這則新聞事件在進人尾聲的時候還不忘記捉弄人。

原本在六月十五日就應該可以展開的機體打撈，為了泥沙掩埋過厚而延後了兩天，等到十七日抽砂、排砂完畢，撈起的第一件機尾殘駭又剛巧在離黑盒子約一公尺處斷裂無蹤。未料就在我們準備作罷起程回台北的時候，竟突然找到第一批疑似罹難者的骨骸，冥冥中牽制了眾家新聞媒體留在澎湖的採訪行程，必須一延再延。

其間甚至當航空公司台北總經理與八人技術小組，一行抵達馬公赴外海祭弔時，還發生一場海上「白霧迷航記」——航行中突然出現幾近兩個小時的大霧，讓我們在海上一度不知何去何從，非常尷尬窘迫。最後歷經一個小時的漂泊流浪才找到方向，令大夥兒著實緊張擔憂了好一陣子。

大半夜悄探太平間

最後這個階段連續十二天的採訪任務，我常把它形容成好比是「21公里大馬拉松裡的5公里小馬拉松」，因為特別的是，這場馬拉松式的新聞採訪全部都在海上進行，有時每天出海採訪，還得在船上席地打盹、草率用餐，至於任憑外海風吹日曬則更成了例行公事。有時趕起來，汗流浹背在船上趕稿、在計程車裡配音，皆屬稀鬆平常。回憶起來倒是應驗了成語「餐風宿露、櫛風沐雨」。難怪別人看著我們晒得發亮的黝黑面龐，大呼我們成了「澎湖討海郎」。兩個超級黑炭，不但在馬公常被人誤認為華龍潛水伕，回到台北公司裡的同事也以為是非洲來的實習交換學生呢！思想起這段「行船人」生涯，我也深切體會到身體健康實在是採訪的重要支柱。不過，當時曾經一度感冒生病，到底是不是受到了以下這段「夜探太平間」恐怖經歷的影響，就不得而知了。

就在六月十八日下午，當所有新聞記者都離開外海打撈船而各自趕去發稿之際，潛水人員居然意外撈到了第一批人骨，後來送到馬公碼頭時已經人夜，航空公司人員照例避開記者的耳目，私下將骨骸送入馬公海軍醫院的太平間，只是消息已經由華龍潛水伕那邊偷偷傳出給了我。為了確定這批第一次撈獲的人骨，我們便演出了這場「夜探太平間」的奇遇記。

當然誰也沒去過「太平間」，更別說是外島馬公海軍醫院的太平間，還是這麼個月黑風高的晚上。更傷腦筋的是那十二節脊椎骨到底放置在哪一個藏屍櫃無從得知。那一刻我想起以前我的電視台有一個猜測「大家樂」節目的「神秘信箱」。最後，我們真的只有依照節目類似的過程，把停屍櫃一個一個拉開看看。結果，這一拉恐怖無比，趕著拍攝記錄之餘，真讓人嚇得連「怕」都說不上來。好不容易才發現一個打結的塑膠袋，果然就是那一碗碎骨。我們在誠心祭拜後，匆匆拍攝下珍貴的鏡頭全速離去。雖然在工作上爭得先機，但是我也在多天海上風寒侵襲下，嗓啞頭疼連病了兩天。

為什麼要跑那麼遠

我們所有新聞媒體界在澎湖空難現場採訪的目的地，也就是此前春季末期，巧合在黑盒子發出訊號大約維續四個半月的最後一天，由澳洲深海探測專家彼得・汪奇所找到的墜海定位地點。

單單是這個地點在當時已經造成群情譁然。

明明在澎湖馬公機場上空盤旋，所有地勤人員、乘客與附近各地鄉民的眾目睽睽之下，飛機竟然可以離奇憑空消失，像極了美國的大衛魔術把自由女神像變不見。連我緊急搭船到鳥嶼島上，一連尋訪了多位最後目擊的漁民們，居然為我同時指出完全相反的方向，還彼此爭辯得面紅耳赤。

大家都在問：「這到底是怎麼回事啊？」

幾個月後，軍方在澎湖六十幾個島嶼位處最北邊的「目斗嶼」黑白燈塔的西北外海，發現失事的飛機殘骸——整架機體明顯遭到肢解，裂成碎片，完全沉沒在海底。一架原先在馬公機場上空正準備重新降落的飛機，為什麼會忽然失蹤，卻毫無軌跡地跑到距離那麼遠的地方墜海，又能被發現？而且飛機失事後的幾個月期間，為什麼完全沒有任何殘骸、機件、油污或是乘客的遺物漂浮到海面上？跟二〇一四年三月八日年失蹤到現在還沒有找回來的馬來西亞航空MH370班機非常類似，那機上還有二百三十九人都下落不明。

一架碩大的飛機對準馬公機場的跑道正常降落，只因為機械自動降落操作的角度不甚理想，明顯鼻輪先行著地，因此機長決定再用手控拉起，重新在機場上空稍微小圈繞行之後，對準跑道再降落一次。萬萬沒想到，就是這麼一個小小操作儀板的動作，飛機竟然在所有人們的眼前消失，機上十三人生死未卜；最為無解的是連航站雷達上都渺無影蹤？難怪我們受派到外島現場採訪，追問最後目擊證人才會眾說紛云、莫衷一是。

新聞菜鳥災難天王

這種受派到台灣離島採訪的機會，其實對於電視記者的分工派任上極為稀少。因為各電視台原本就有全台各縣市的地方記者，全世界海外主要幾個大城市也設有駐外記者或是特派員。至於我們在台北新聞中心總部的記者們則不是用地域來劃分責任區，而是以黨政要聞、立法院、市議會、財政金融經濟、軍事國防外交、農林漁牧環保、藝術民俗文化、社會警政司法……等妥善分責每名記者不同的採訪路線。除非真的是遇到特別重大的新聞事件才會被調派到外地，結合當地同仁，採訪製作即時新聞的特別專題報導。

我就是除了分到上述三條主要採訪路線以外，還受派兼任那個全採訪組大家都避之唯恐不及的新聞路線：災難突發事件。因此，正當同事們早都做好存檔新聞去快樂過年，我則是從農曆大年三十除夕夜到大年初五，一個人春節連續值班六天後才能補休的菜鳥。另外接著我才剛休假兩天，便因意外爆發空難又被緊急呼叫回來上班，並且被指派趕飛馬公，直接去跟攝影記者會合。去接手勉強代我路線被派到澎湖採訪的文字記者李四端，他飛去馬公半天就要求撤回台北，只讓攝影記者留守。於是公司決定縮短我的年假，即刻十二道金牌把我從正在私人參加記錄阿里山鄒族「戰神祭」的達邦村召回，替換去投入吃力不討好的空難採訪。

終於每次不管怎麼輪，總是都會輪到我。我一夕之間成為了「翻開台灣電視新聞史上」，那個一次接著一次老是被丟到「災難現場」的「災難記者」。

還是很感謝採訪組給我這樣觀察社會、體驗人生的機會，不然我是不可能憑著後來自費田調、自力更生、自助旅行走遍全球，現在才能跟大家講出以下那些不可思議的閱歷見聞，或者就是一般人津津樂道的所謂「鬼故事」。必須先在此強調，當年的電視新聞媒體是不容許記者在這些方面的八卦著墨太多，必須加以隱匿略去。現在社會倒是開放多了，甚至太過火，每個節目都在要求來賓講述類似的軼聞奇事。我堅持既然要講，就一定要是真實的經歷，可是哪有人有這麼多的神奇事件可以一說再說，於是顯而易見地發現：某些在節目上大放厥詞的明星名嘴在瞎掰編造。為了不想也被當成一丘之貉，最後我也就漸漸不接通告，落得清閒。以下是真實的卻極為不可思議的空難採訪側記，四十年後的現在終於可以一吐為快。尚祈讀者相互對照——前後敘述同樣一段難得的新聞採訪經歷，什麼叫做「言簡意賅」，什麼又叫做「鉅細靡遺」？

茫茫大海白骨泣血

天天出海採訪，其中有一件令人印象尤其深刻的「白骨泣血」事件，直到今天我還是想不透！那是自機體打撈以來，雖然已經被我們獨家拍攝報導了潛水打撈起來人骨的證物，但是每次各大新聞媒體一同出海，卻總是只有從海底吊起大小不一的飛機殘骸，從來沒有當場見到同步打撈起任何罹難者的屍骨。

終於這一趟航程真的不一樣。

那幾天澎湖外海出奇的熱，不少連日餐風露宿、風吹浪打又日曬雨淋的清一色受派來澎湖的男記者們，紛紛鼓譟要給自己休一天假，準備跟寶華飯店頂樓歌廳的妖豔貨腰小姐們，一起溜去蒔里白沙灘穿上輕薄比基尼，偷得浮生半日閒，開個小差。於是那天一大早唯一的這班打撈船上，就只有我們幾個新聞界菜鳥和必須現場拍攝到畫面的電視新聞媒體，陪伴黝黑粗壯的潛水打撈人員出海。

終於首次在記者面前撈起的一根海中斷骨，就發生在這次的航程，令沒去守現場的記者們叫苦連天。因為誰也沒想到不但撈起來一截白骨，它竟然當場就在眾目睽睽與三台攝影機特寫盯拍之下，滴出汩汩鮮血浸濕了甲板，不得不令人嘖嘖稱奇！只見華龍打撈人員從海底夾出這跟人骨上船，立刻呼引隨行採訪的電視攝影記者來一起拍攝，沒想到泡在水裡幾個月的骨頭，居然可以滴出源源不絕紅色的液體？我把手中的筆記本拿去接，發現真的是濃稠的血液，唯獨不知道血源到底可以堆積隱藏在哪裡？有人說這可能意味著——葬身海底的罹難者感念沉冤大白、重見天日的一刻；也好比看到了親人過於感動。就像三毛親口告訴澔平：她見到海中溺斃多時的丈夫，驚見荷西霎時七孔流血一樣。

我們只管上香默禱，大家面面相覷，絕不敢言語手勢指點議論。

後來，打撈人員又從附近海底釣起一件最大的飛機殘骸，由於拉升的速度太快，當年的攝影器材來不及對焦，沒有拍到。於是拜託熟識的船上大吊臂工人，好心把殘骸放回海平面下一點點後再次拉起給攝影記著拍，不料這回抖出了兩條各一百八十公分長的一對凶猛大海鰻。原本潛水猛漢們喜出望外，紛紛表示晚上加菜所以帶回來馬公，放到寶來飯店的餐廳水族箱裡，只不過他們後來才想到：這鰻魚可能是吃了什麼肉才長這麼大？於是沒人敢再提此事。凡此總總接二連三一串串的起起伏伏，真是把記者們攪得團團轉。

終於還是因為強烈颱風南施即將來襲，華龍的大型吊桿船必須撤回馬公港避風雨，這麼一來原本都決心希望能守候到最後一刻的各家記者們才陸續離去。果然，隨後又一次跌宕起伏的轉變，發生在記者全都搭機走後的兩天，一直呼之欲出的「黑盒子」才在六月二十九日被找到，飛行紀錄器與機艙對話紀錄器兩者的內容卻沒有絲毫異樣的線索。這一切曲折離奇、高潮迭起的採訪過程，真是耐人尋味，至今所有謎團仍然沒有答案！

即使如此對我而言，辛勞代價還是非常值得。我深感這是一次橫跨冬春夏三季採訪，是一場記者跟自己在賽跑的馬拉松。畢竟採訪順利完成後，也在我的工作與生命閱歷中增添了史頁般難得的回憶。再次翻閱當時的採訪手札，那段困境中自我勉勵的話此刻依舊振奮我的心靈：

「新聞事件愈是曲折多變，愈足以考驗記者的實力！

採訪工作越是艱苦困難，亦愈足以激勵記者堅強奮發的鬥志！」

女鬼夜夜坐在床頭

不是我要嚇你，因為我也被嚇到。

以前不能說，那是因為當年不見容於理性客觀忠實的新聞報導職業，至少最簡單的原因，連為了省出差費結果天天晚上跟我擠一張床睡覺的攝影記者，他也不知道，我不能跟他說。乃是我發現他膽小怕黑，每晚他都堅持必須燈火通明才就寢，可想而知他必定是超級怕鬼的。若我看到了什麼要是都跟他一五一十地講，他可能會崩潰，那我們也不能繼續採訪工作了。所以即使他每晚睡在我的身邊，其實我還是善意隱瞞了以下的這段經歷。

我原本就是個隨遇而安，天生好食好眠、吃喝拉撒睡簡單又迅速的人。尤其一整天出海奔波採訪寫稿錄影下來，還要趕最後一班四點的飛機傳送新聞影帶，回到松山機場接力到總部播出報導。緊接著，隔天清晨六點半又要反覆出海搭上打撈船去遙遠的目斗嶼外海，於是兩人每晚十點就早早上床安睡，鼾聲雷動。偏偏我們住的廉價客房，就位在飯店頂樓寶華大歌廳的正下方，一個女生唱歌還能忍受，每當子夜十一點五十五分全體鶯鶯燕燕歌星酒家女上台，齊聲高唱費玉清的「晚安曲」時，我都會被吵醒幾秒鐘。於是連續九天，每天我都會在睡眼惺忪中，依稀直視看到有一名女子背對著我，坐在床角。

第一次看到，嚇得差點尿失禁，逼著自己趕快再睡著。接著第二天、第三天、第三天……再看到，發現倒也相安無事，一夕無話，漸次習以為常，看來她並無惡意也沒來吵弄我們。直到第九天的晚上我睡在飯店房間，酣睡中又聽到這段「晚安曲」的旋律在耳邊響起：

「讓我們互道一聲晚安，送走這匆匆的一天……」

歌聲非常婉轉、悠揚，殷殷切切地一直唱、繼續唱，可是就在這個時候，我還是會微微開雙眼，依舊看到女子的背影仍然優雅端莊地坐在我左腳丫邊的床角。正當我準備心安理得睡去的那一瞬間，嚇死我了，因為……為什麼偏偏在這第九個晚上，她「回頭」了！我怎麼首度清楚看到她整張清秀姣好的臉龐，馬上感覺到自己好像連叫都叫不出聲來，下一秒鐘應該就是頃刻昏睡了過去的吧。

「讓我們互道一聲晚安，迎接那燦爛的明天……」

我逐漸恢復意識，時間彷彿過了一個多小時，但是我又聽到「晚安曲」的歌聲還繼續在唱著，怎麼才唱到第二段主歌，原來僅僅過了不到十幾秒鐘的光景而已嗎？我發現自己的身體完全不能動，喉嚨怎麼喊也喊不出聲音。我感覺自己唯一能動的部位只剩雙眼，於是睜眼一看，鬆了一口氣，因為床尾沒人，那就意味著她已經離開不見了。

「願你走進甜甜夢鄉，祝你有個寧靜的夜晚……」

正當我閉上雙眼，逐漸回過神來，僵在床上細細品味著「晚安曲」副歌優美的歌詞時，忽然感到一陣陰森寒意的氣息靠近，腳底心的湧泉穴位似乎鑽進了一股難以言喻的電波直衝腦門，有一種隱隱約約的壓迫感。沒想到我第一眼平視才慶幸床尾仍然沒人，下一個抬眼卻真的嚇死我了……。

我聽著「晚安曲」終於唱到尾聲：

「晚安，晚安，再說一聲……明天見……」

這時候，歌曲尾音還沒消失，方才在床角忽然回頭讓我瞧見的那張面孔，怎麼此刻懸浮在我的臉上？她似乎是站在床頭彎下身子，跟我倒過來面對面看著。我全身還是不能動也不能叫，只有無從迴避地被強迫逼視眼前這懾人驚悚又斷魂的一幕。最後這個女子的氣音跟著「晚安曲」的最後一句歌詞，齊聲在我的耳邊響起：

「……明天見！」

與鬼同行找太平間

隔天，我裝著若無其事談笑風生，還是照常跟著打撈人員去目斗嶼外海採訪，不敢跟任何人講有關「女鬼」昨夜露臉來看我的事。

當晚就在旅館又睡到接近午夜時分，這次比寶華大歌廳的「晚安曲」早了一步，我們兩人同時被房內的電話鈴聲大作給吵醒。接到了建立好關係頗有私交的一名潛水伕打來的電話。他說今天中午當我們所有記者在外海剛剛離開去馬公發稿，他們就在海裡撈到人體一段脊椎骨骸了。但是航空公司為了要封鎖消息，所以非常保密，他原本被交代絕對不得對外洩密；但是內心掙扎交戰了一個晚上，想了又想——每天看我朝六晚十這麼辛苦在採訪追新聞，所以他決定只偷偷透露給我一個人知道這條最高機密的線索。

那時又累又睏，我接到電話時心裡的第一個反應竟然是：為什麼要告訴我？想想大家都被蒙在鼓裡不知道，也就算了，可以好好安睡一覺到天亮。偏偏我現在知道了，還獨家透露給我確定是藏在馬公海軍醫院的太平間裡面。他說因為大家都怕不敢摸，於是誠心祭拜之後，一路都讓幾名陽氣頗重的潛水伕捧著，直到暫時安放進冰櫃。

一掛上電話，已經將近晚上12點，「晚安曲」的歌聲響徹雲霄。我跟攝影同事兩個都是一起才考進電視新聞部的菜鳥，現在難題丟給了我們，掙扎著到底要不要追這一則超大的「獨家新聞」？忽然一想到所有的罹難乘客和機組人員的家屬，他們已經煎熬幾個月懸宕在生死未卜的焦慮中，既然真的撈起人骨就應該得知這個訊息，航空公司與民航主管單位也應該要急速公布，先前因為一切的不確定性而尚未展開的善後撫恤與賠償事宜。

於是我們相互點頭對看了一眼，立刻把攝影機、錄影機、彈帶燈、麥克風、替換電池和空錄影帶，分裝在兩個大行軍袋裡掩人耳目，偽裝成歌廳剛散場的酒客，搭上飯店門口排班的計程車，以探病送衣物為由直奔馬公海軍醫院。眼前當下真的完全無暇顧及接下來每一步太多不確定的因素，以及太多萬萬沒想到會發生的狀況。只能應驗了那句話：關關難過關關過，一路見招拆招，踏上一條我們原本生命劇本裡，絕對不可能經歷情節的路。

首先，我們雖然很聰明地推測回程一定叫不到車，所以預先押金一千元請計程車司機睡在停車場角落等候。然而這麼個大半夜進入醫院大廳，我到哪裡又是去驚嚇地問人家：「太平間在哪裡？」

看到有一個阿兵哥應該是偷溜下來打公用電話跟女朋友隔海談情說愛，只看他捧著一大袋的銅板忙著又講又投，根本無暇瞥見我們，我也不忍心打斷他寸金寸光陰的卿卿我我。那怎麼辦呢？在那沒有手機的年代，公用電話被純情男給佔著，我無法打回飯店再問潛水人員，事實上我連他的名字和房號也根本不知道，簡直一團混亂。我和攝影開始在互相抱怨檢討行事草率，什麼都沒規劃安排好就莽撞跑來海軍醫院。不消一分鐘，我們樂觀的達成協議，對於突發事件的新聞採訪，都是先趕赴現場，絕對沒有時間去找妥什麼完整背景資料、做好所有萬全準備的！畢竟又是在沒有網路查訪的年代，等到完成所有採訪準備資料就緒才出發，那麼「新聞」早已經變成我大學主修的「歷史」。

終於，看到一位清潔人員阿姨正在拖地。我們假裝是在排隊等著打公用電話給女友，順口跟她閒話家常聊天。故意謊稱女友的媽媽在這裡過世，所以連夜把我們從望安、七美叫來，等到明早天亮一起到太平間接引大體籌備安葬事宜，為了省旅館費，所以啊大包小包搬到醫院大廳坐一夜。講到這裡，順口問了她一個問題：

「太平間在哪裡啊？」

如此就不至於太過於唐突，也不會嚇到別人了，還被阿姨一直稱讚——我們都是時代棟樑的「最佳女婿」模範好兒郎。

摸黑猜謎停屍冰櫃

又是一次矛盾地自問：她為什麼要告訴我呢？要是我們不知道就好了！反正已經盡力了，大半夜問不到「太平間」的地點是可以被諒解的，正好趕緊打道回府睡覺去。

偏偏阿姨描述得非常詳細，深怕我們找不到「岳母」的停屍處，還拉著我們走出大廳主樓，原來就是在後面漆黑的四百公尺大操場，最偏遠、更黯黑，直切遙遙對角到圍牆邊的一間孤立的平房建築。

一路摸黑往太平間出發，內心百感交集。我們抱著又扛著偽裝妥當的攝影器材，跟阿姨說我們反正時間多，現在散步過去看看要走多久，行囊又不便留在大廳礙眼，所以就當鍛鍊身體揹來揹去。問題是下一道難關已經逐漸浮現在我和攝影記者的心頭，我們又對看了一眼，但是心照不宣誰也不敢啟齒。那就是：就算我們已經意外幸運地打聽到太平間的位置，沒有鑰匙又該怎麼進去呢？難道真會跑出一個「岳母」屍體，來幫我們從裡面開門嗎？

心頭七上八下走到太平間門口，我們忽然同時開懷大笑。

原來本應緊閉鎖著牢牢的落地大鋁門，怎麼這麼巧沒關好？居然航空公司一行人放妥骨骸匆匆離去時，可能天色已黑，又急又怕又緊張而沒有把鋁門下面的滑軌對齊，以致明顯拉門卡死在門框邊緣而進退動彈不得，自然無法上鎖就嚇得跑掉了。

我們的心情真是繼續像洗三溫暖桑拿浴。才竊竊自喜難題一一迎刃而解，但兩人心頭一定又繼續浮現下一道更大的難題：整面牆那麼多格的停屍冰櫃，我們怎麼猜得出到底是放在哪一層的哪一格呢？此時心境竟跟隻蝸牛一樣：奮力剛爬兩步，又後悔想自動滑退三步。也就是我又在猶豫躊躇自問：要是太平間的大門好好鎖著，我們不能破門而入該多好啊！至少我們來過盡力了，只是進不去，可不就又可以回到旅館甜甜睡覺去！何苦幾輩子都不可能有機會在大半夜走入太平間裡面，還要強迫參加恐怖「猜謎遊戲」！

為了避免被醫院發現我們把鋁門修好偷偷潛入，進到太平間後當然不能開燈，但是又要打開冰櫃一格一格來找到罹難者的遺骸。所以我跟攝影商量，當時我們兩個人都有穿夾克外套，必須脫下來罩住我們的頭和照明的彈袋燈，不讓一絲絲的光線外露。於是我們兩人輪流從中間的一行、由左至右，先在黑暗中向外拉開停屍櫃的把手，然後蒙上大夾克罩住整個頭部，屏氣凝神憋住呼吸，將彈帶燈靠近自己的臉龐對準下方，才能看清楚遺體或是遺骸的模樣。

結果當我們輪流開了第一個冰櫃，第二個冰櫃……，一直到第四個冰櫃的時候，強燈一打開，我差點嚇得尿出來！

我看到冰櫃裡躺著一位女人遺體的「臉」——怎麼就是前一晚在旅館房間裡，與我懸浮顛倒對看的那張「臉」？現在我跟她不過上下對調了位置，但是反著來看的五官印象真的太深刻了，面貌實在分毫不差。就是她在我耳邊曾說「明天見」的那個女子，正是同一個人，而且我們還真的如她所說的最後一句「晚安曲」的歌詞：「明天見」了！

就在此時，自己完全恍惚暈眩，只見她的眼睛突然瞪大還往上翻了一個白眼！我嚇到差點奪門而出，但我發現自己雙腿癱軟，我的上半身到頭臉完全不得動彈，又一次叫不出聲、轉不開身，就是要我不得不勇敢對看逼視著記住她的臉。這時剛好有一道光閃進我的腦海裡：難道她的眼睛往上轉，會不會就是要暗示我們，罹難者的骨駭正端放在她上方那層、那格的冰櫃裡呢？

於是我拿了把小凳子，不管輪流接替的開櫃順序，直接拉開位於她上面一層的冰櫃……，果然就是！一個大碗裝著骨駭套在一個塑膠袋裡，前頭還有幾炷點過熄滅的香。當下我們立即拍下這段珍貴的證據畫面，隔天影帶搭乘首班飛機秘密送回台北，成為了當時最大的空難獨家新聞快報。

感恩告別後會有期

那天照例出海採訪，同時針對航空公司的善後賠償與撫恤條件對罹難家屬，完整講清楚、說明白。再發完稿，我的心頭如釋重負，鬆了一大口氣。台北新聞總部辦公室也轉達給我，今天一直接到家屬打來感謝記者的電話。

這一晚十點上床，我想今天應該可以整夜好眠，一覺到天亮。沒想到酣睡到子夜十一點五十分，「晚安曲」的歌聲又響起時，我明明有被吵醒，但是眼睛怎麼張也張不開。我的心裡非常矛盾，那一刻我甚至完全不再畏懼害怕，反而很想跟那位十一天以來曾出現在我床尾的女子，大大方方、坦坦蕩蕩來清楚對看一次。然而我依舊睜不開雙眼，急到我迷濛感覺自己想用手去掰開眼皮。就在這個當下，一切都是千分一秒快速進行著……。我發現我不必睜眼就「看」到前方有十三個人影，男男女女前後左右參差站立，面露微笑朝著我看。那名曾坐在我床角的女子C位居於中間，他們每個人妝容端莊、面帶笑容、神采奕奕，對我客氣禮貌的一鞠躬。我驚訝地發現他們跟我說得話，完全不必透過任何語言文字或手勢，可是我卻能對字字句句心領神會點滴心頭。幾乎是我心裡才起心動念想到什麼，他們的答案就已經同步為我解析。

在這撲朔迷離的半夢半醒之間，這次寶華大歌廳裡俗艷的鶯鶯燕燕高唱「晚安曲」的完整歌詞，原來就是他們十三個人最後來跟我道別，發自內心感恩所要對我說的話。我當時二十六歲不會知道未來真有「美好前程、錦繡人生」。

這一刻，我聽著聽著居然熱淚盈眶，只覺得今夜的歌聲特別悅耳，一點也不再感到絲毫刺耳，於是……哭得不能自已，嚎啕相對一發不可收拾。

讓我們互道一聲晚安，送走這匆匆的一天；
值得懷念的請你珍藏，應該忘記的莫再留戀。

讓我們互道一聲晚安，迎接那嶄新的明天；
把握你美好的前程，珍惜你錦繡的人生。

願你走進甜甜夢鄉，祝你有個寧靜的夜晚。
晚安！晚安！再說一聲：明天見！

就在這最後一句歌詞，又是她一起說「明天見」的時候，我反倒有些眷戀不捨；

她彷彿立刻回答我——

「此後每十六年、二十六年、三十六年、四十六年、五十六年，一直最終到六十六年，我和她都將會以不同的方式，彼此再見上一面的哦……。」

幸運躲過死亡班機

第一次的十六年是西元二〇〇二年，我確實在夢中見到了她。她只是同樣用感應告訴我說：今年避免搭乘十六年前，那同一家航空公司的飛機。

我本來也不以為意，只是醒來發現正準備買機票到香港去辦台胞證，原本時間銜接最順的那個班機，剛巧就是她建議我不要搭的那家飛機。於是我就加錢改訂了另外一家，偏偏經濟艙都客滿了，正想省錢不管她虛幻的夢諭，忽然走路碰碎了店家擺在門口的花器，瓷片與花瓣灑滿一地，瓶裡的水也如大海濤濺濕了我的左褲角。剎那之間，我完全領悟——「她」好似依然坐在我左腳旁的床角，跟我示現講話：如果飛機的機身是個瓷瓶、那家航空公司尾翼上梅花的標誌將會散落如眼前花器的話……。

於是我極為難得去買下另一家商務艙昂貴的機票，不能改也不能退，我也不會三心二意。結果，後來讓我驚訝又不可思議的是，那架六一一班機是從台灣桃園國際機場直飛香港赤臘角國際機場的波音七四七大客機，飛行途經到台灣海峽高空之際，忽然疑似機身金屬疲勞維修不當而鬆脫，竟在高空中解體墜毀大海，總共二百二十五名乘客和機組人員全數罹難，這也是目前台灣境內有史以來，民航墜機死亡人數最多、最大、最慘重的一次空難。

我嚇出一身冷汗，就在驚魂甫定之餘，慶幸自己還好沒有搭上這架死亡班機，但是秉持以往的新聞專業訓練，繼續追蹤查訪這則災難新聞的線索，發現了震驚的巧合——其與一九八五年，十六年前我去採訪的同一家航空公司班機的空難，儘管起降的城市和機場並不一樣，甚至一個是國內航班、一個是國際航線；但是竟然「墜落在同樣的一個地點」，都是在澎湖最北邊小島目斗嶼的附近海域。

這個詭異的巧合令人不寒而慄。

接著距一九八六年後的二十六，也就是二〇一二年，那年本就在盛傳是古馬雅預言地球末日毀滅的年份。我也等了半年多一直未見任何動靜，直到受邀去參加胡瓜主持的一個電視台講鬼故事的節目，我第一次完整說出這個事件不可思議的經過，現場觀眾聽得如癡如醉。我忽然在腦海裡又閃進一道靈光，居然對著現場所有的人大聲提及——為什麼我忽然感覺到「她」就在今天電視錄影節目的現場，一起在聽我講述她所熟知的整個故事？於是緊接著，我大膽提問：「請問今天現場有一九八六年出生的人嗎？」

全場鴉雀無聲，最後全場只有一位，坐在第一排中間的觀眾席上，一名白淨長髮的女子怯生生地舉起手來。我定睛一看，真的又嚇到我了——

她們倆有著一張幾乎一模一樣的臉。

萬聖鬼節南瓜海嘯

最近一次距一九八六年後的三十六年，也就是二〇二二年，全世界已經被新冠疫情折磨了近三年，我也首度超過兩年的時間一次都沒有搭飛機出國。為了受邀到美國加州北邊的矽谷和南邊的爾灣進行五場的演講、演唱和主持活動，我接受第三劑莫德納疫苗的施打，因為唯有如此我才能進入比我們東亞更早開放旅行觀光的歐美國家。那時台灣還曾幾度宣布三級警戒，大陸和日韓也不時嚴峻封城，我卻已過癮地搭乘了歐美兩大洲五趟不同路線的郵輪之旅。

其實那個時候我早就忘記與「她」的「約定」。

直到我接到尼泊爾在韓國打工的友人拉堅達，找我一起趁他即將年底回鄉結婚前，一起到首爾梨泰院會合歡聚，剛好趕上韓國在疫請後，首度免除口罩和檢疫的萬聖節前週末大型活動。等我買好機票的那個晚上，「她」信守承諾與我在夢中一連見面了兩天，這次穿著端莊的韓服大蓬裙，面對我微笑跪坐，雙手握舉在額前。我在夢中喜出望外，趕緊也跪下用類似的韓風手勢回禮，明確感應「她」是在提示我白天買的機票有所不妥。我忽然大吃一驚，因為我買的剛好又是三十六年前澎湖空難同一家航空公司的來回機票。當下我自己揣想：應該會出現類似二十年前的情況，於是隔天就把票賠錢退了，改買另一家公司飛韓國仁川機場的機票。

接著在我隔天晚上安眠的夢中「她」又來了，這次一樣的裝扮卻面無表情，站在一條兩側夾擠著樓房與招牌，一片空蕩蕩的大街上。「她」的身影越飄越遠，直到寬敞道路高聳的盡頭。「她」還是不發一語，立刻由華麗韓服的大蓬裙裡滾出了數以萬計的南瓜，頗像海嘯以排山倒海之勢向我急速奔湧而來，這令夢中的我給嚇得猛想把身子往後退無可退。最驚悚的是，密密麻麻金黃的南瓜不待撞擊到我，早就砸得滿地碎裂狼藉、一片混亂，教人驚心動魄，不忍卒睹。

天亮了，我內心餘悸猶存。這澎湖空難三十六年後的重聚，到底「她」兩晚入夢會面，想要跟我說些什麼？一連再等了三晚並沒有再出現，難道「她」已經把洩漏的天機暗示表明又比喻地極為清楚了嗎？問題是我不懂啊？基於深信絕對有問題，我就取消了赴韓的行程，延後改赴尼泊爾直接會面，參加友人的家族婚禮。

二〇二二年十月二十九日星期六晚上，我接到尼泊爾朋友從韓國打來的緊急電話，他說他和一起在韓國打工的尼泊爾同鄉全體感激我，因為我臨時決定不去首爾，他們也為了省錢沒去梨泰院而「躲過一劫」！我聽得一愣一愣的？直到全球電視網路鋪天蓋地都在報導，韓國爆發不幸的災難新聞：

「南韓首爾龍山區梨泰院洞爆發當地有史以來最嚴重的群眾推擠踩踏事故，這起突發災難不幸造成一百五十九人死亡、一百九十六人受傷，超越六十三年前，發生在一九五九年釜山公立體育場六十七人死亡的踩踏事件。」

採訪新聞的訓練和報導社會的歷練，鞭策記者不可以迷信，但是回顧澎湖空難過去三十六年來，前前後後發生的事情經過，我只是忠實落筆記錄在這裡，雖不認同卻不能否定一切曾經真正發生過。許多的巧合永遠無法解釋，相關牽涉到的又都是不同卻真實的新聞事件。

就像當我讀到最後這一則韓國的災難新聞稿時，有誰能夠為我解答：裡面出現先前最大的釜山踩踏事故的年份是「一九五九」，正是六十三年前——

我出生的那一年。

太平山鬼月驚魂記
——夜闖北宜九彎十八拐　晨奔太平崎嶇山路難

一九八七年難得登陸本省的傑魯德颱風，並沒有為台灣地區造成太大的災情時，陽明醫學院十三名三、四年級的同學卻因為登太平山遭受困阻、下落不明，而成為了颱風過後最引人矚目的後續新聞焦點。當時我在台灣電視新聞部門留職停薪出國深造後，剛剛重返採訪線上的我，又一次擔負起「災難記者」的任務，而這一次是在台灣東北部山區。

颱風阻隔，音訊全無

從司機魏智將和李文樹的口中，得知最後目擊同學們的一幕，是在山洪暴發、水位高漲的南澳北溪對岸，而傑魯德的大風大雨卻就此阻斷了所有搜救工作的進行。從九月八日到十日的颱風過境期間，儘管由軍警、山青和登山好手們聯合組成的搜救隊伍，連續三波深人宜蘭縣的大元和太平山區，卻因為陸路斷絕、水路險阻而前進困難，甚至還意外地造成了二十七名救難弟兄的輕重傷，搜救任務艱鉅可想而知。

當時間一天天的過去，估算同學們有限的口糧和風雨交加下的蔽寒衣物，不得不令各界為這群未來的準醫生們益加擔心，二、三十位失蹤者的家人更是日夜不停守候在臨時救援指揮中心——寒溪派出所。甚至有位家長還揚言：除非親眼看到寶貝兒子平安無事，否則她絕對不進食，也不閉眼休息。總共五天的搜救過程，就是在如此焦慮和期待的氣氛下進行的。

臨危授命，飛奔宜蘭

颱風終於離開本省，各地又是艷陽高照、風和日麗，至此全面由空中、陸上深人山區搜救大學生的工作也才算順利展開。我便在當時採訪組長顧安生的指派下，配合攝影記者劉錦漢單騎出擊，兼程趕往宜蘭山區，配合駐地記者葉英傑實地採訪這項緊張刺激的救難行動。

對我來說，那時才從美國康乃爾大學辛苦的修讀完碩士學位回國，著實快一年沒有跑過像這種需要上山下海，折騰體力、精力、耐力的災難新聞，心境上自是一份重新再出發的挑戰。特別是，每則困難的災難新聞雖然基於過去累積的工作經驗或有幫助，但卻處處大相逕庭無法「複製貼上」，必須機緣巧合加以臨場應變，各憑造化當機立斷、見招拆招。好在，搭擋的攝影記者劉錦漢是一同在澎湖外海為空難打撈折騰過半個月的老同事，一年之後再度合作，劉錦漢戲稱好比是「重溫舊夢」。過去多次同甘共苦的經歷，自然也在這次太平山相當戲劇性的採訪過程中，發揮了不少默契。

追趕新聞，分秒必爭

新聞畢竟是新聞，我們首先面臨的第一個考驗就是時間的壓力。由於九月十一日早上新聞部的八點晨會前才決定把我們兩人派赴宜蘭，匆忙間只能在準備攝影器材和車輛加足油箱之後，胡亂抓了條牛仔褲和球鞋就奔向宜蘭山區。又再說句老話，在沒有網路手機的年代，當時誰也不知道宜蘭縣寒溪派出所到底在哪裡？也不知道可以問什麼人？要開多久的車？最後總算在助理駕駛葉錕洄的沿路詢問下，才幸運地從濱海公路經宜蘭、羅東邊一個不十分起眼的小叉路，找到了過去解嚴前的「大元山地管制區」，也問到了位在古魯溪畔的「寒溪派出所」。不過，這時候已經是中午十二點二十分，將近三個小時的車程攪亂了所有的採訪報導計畫，出現在眼前的已是一片漫無頭緒的混亂。

一方面，台北這邊十二點三十分的午間新聞正如燃眉之急，等著現場預留頭條傳回去的最新報導；另一方面，第一架赴山區搜尋的空軍直升機亦在同時即將起飛，真是把我們「一燭兩頭燃」！當然，合作默契和現場採訪的反應，也就在這個節骨眼上開始接受考驗。我趕緊利用三分鐘在現場搜集最新資料後，克服軍警電話借用的困難，把握時效及時錄音傳回台北最新進展，而劉錦漢也在同時，以他敏銳的觀察力攝取下所有現場搜救行動的最新畫面。就在兩個人幾乎沒有時間商量討論的情形下，第一階段的採訪在抵達現場後十分鐘內彼此分頭完成。由此實在可見電視記者得兼顧文字和畫面，又必須一天連發三次稿的作業方式，正和其他新聞媒體大異其趣。

江水無情，處處玄機

至於打團隊戰更是特色。

「來的早不如來的巧，來的巧更必須做的好。」

這句話對於曾經身經百戰的新聞記者來說真是刻骨銘心。就以這件太平山難採訪來說，事實上當我們抵達現場的時候，原本人烟罕至的寒溪山區早已經被各方搜救人員、家長，尤其是從全國各地趕來的記者們擠得水洩不通。可是，難得一見的人潮盛況——對「搶」新聞、「趕」新聞的人來說，卻一點兒也不興奮，反倒盡是更艱鉅的壓力。因為記者必須在比別人更短的時間內截取更豐富而完整的報導內容，這種稍縱即逝的新聞挑戰，也正是每一位記者時時自我鞭策期許的目標。

在現場陸續做完宜蘭縣長陳定南、縣警察局長余玉堂和搜救人員的訪問之後，大致的採訪暫時告一段落，餓得發昏的記者們也紛紛到山下飽餐一頓，靜靜等待搜救行動的進展。草草用餐之後，看看時間還早，想想守在派出所前光是拍直昇機上上下下，如此採訪實在太過被動，於是我們三人便決定：把握時間越溪深人山區，配合山青做另一個角度的報導。沒想到領頭的我，才在湍急的古魯溪中踏不到三分之一就被洶湧的怒濤沖倒，幸好抓到河中的大石塊才得以穩住；但是不僅麥克風浸到水裡，在水勁切刷下居然連我穿在右腳上的鞋子都被沖走，大半身更是被打得全濕。這麼一來，看在價值數十萬的攝影器材上自然只有作罷了！當時我只是納悶得望著前方想：真看不出眼前深不過未及大腿的溪水，竟會如此玄機四布無法橫渡，難怪十三名學生就是因為過不了上游的最後一條南澳北溪，才遭困在山裡至今五天！

老弟，我們又見面了！

當然，新聞採訪上是不可能不遇到像這樣窒礙難行的阻撓，但是鍥而不捨、再接再厲的精神卻是新聞工作者最為可貴的價值。於是面對深人山區的計畫被無情的溪水破壞而懊惱之餘，我們終於又鼓起精神，重新整裝待發。

就在六神無主之際巧合的事發生了！由於過去多次災難新聞的特派採訪，那次支援救難行動中的省政府與空中警察隊直昇機駕駛，突然不約而同地向我喊道：「老弟！我們又見面了！」這才勾起我一年多前澎湖空難和太極峽谷山難時曾經搭機採訪的往事。

就這麼巧，事後從未謀面的朋友，竟然會在這樣一個無奈的災難場合下三度相逢。省府航空隊的機長和機員們便都打趣的說：「你們這對『難』兄『難』弟真夠辛苦哦！」他們尤其對劉錦漢在空中賣力的拍攝方式印象深刻，因為每次在空中攝影，為了畫面更清晰都必須儘可能在靠近故意敞開的機門邊蹲著向下拍攝，完全是後來齊柏林的原始版。而我呢，也只有為了他的安全兩手緊抓著他的後腰褲帶，好像滑水一樣死命拉著，免得他太過專注而會不小心被甩下山谷。也就因為機長記得我們頗具傻勁的工作精神才使我們順利搭上直昇機，在學生失蹤地點附近的上空，即時做了難得的空中立體採訪。

快報第一，勇奪先機

當時間一分一秒飛逝，算算扣掉回台北兩、三個小時的車程，要趕上當年七點三十分的晚間新聞正是迫在眉睫的關鍵時刻。突然下午三點零五分從山裡傳來令人振奮的好消息——「十三名同學找到了，即將安頓在太平山翠峯湖的工寮中過夜休息，明天護送下山。」

這個消息對於搜救人員和家長們自然是喜出望外，大大鬆了一口氣，而對趕新聞、爭時效的記者來說，卻又是忙成了一團。因為不但所有的電視錄影訪問必須全部重做，還要各顯神通看誰先有本事傳回台北打出快報，把山區現場突破性進展的大好消息告訴全省觀眾。那時的混亂場面實在可想而知，而我們也在雜貨店老闆娘的慷慨借用長途電話通訊之下，成了當天下午最早插播快報的新聞媒體。與其說是因為我們步步為營，誠懇地廣結善緣，不如說還得配上把握機遇，這一波又一波不可預期的電視新聞發展，有時真的不是天天安坐在冷氣房裡的同業或是觀眾，所能體會出來的壓力。

儘管如此，工作卻還沒有結束，採訪追蹤的報導任務也才接著次第展開。

鬼月夜行，北宜驚魂

回到台視匆忙的寫稿、配音和剪接處理好新聞播出之後，我們又換搭另一位駕駛助理王為國漏夜奔回宜蘭——因為唯有夜宿羅東，隔天一大早才來得及趕到遙遠的太平山莊，繼續採訪學生下山、與家人團聚感人的一幕。

在地宜蘭新聞同仁葉英傑、葉明仁父子的協助下，確知已經訂好羅東的旅館，我們也就再度收拾簡便的行囊開始頂著夜色上路。這次為了儘量能在午夜以前驅車趕到，我們選擇了路程較短，但令許多司機聞之色變的「北宜公路」。一開始還算有說有笑，苦中作樂一番，由於沒有吃晚飯，路經中途站坪林的時候，就特別買了一袋特產炸河蝦和幾罐飲料繼續趕路。當時心裡想：現在是農曆七月，也是俗稱的「鬼月」，半夜不歸已經發毛了，更何況北宜公路那些「輝煌」的靈異紀錄，光看沿途夾道撒滿的冥紙，就令人不寒而慄。

果然怪事來了，一向健康的攝影記者劉錦漢突然全身紅腫，痛苦不堪，搞得我們也心跳加速、全身發冷；而眼前的路段竟然轉個彎道就什麼也看不見，車子前方只見一片白茫茫的霧氣，真比一百噸乾冰還濃。駕駛王為國不論近光、遠光或霧燈都照不透像白幕似的濃霧，幾次甚至還差點和對向的來車迎面擦撞，再不然就是滑近山崖邊的路溝，嚇得我們又想停又不能停，進退兩難，真是驚險萬狀。

終於，一輛識途老馬的大卡車超過我們，隨著它龐大的體積衝開白霧，這才過了名聞遐邇的「九彎十八拐」，總算在半夜凌晨一點抵達羅東，而宜蘭駐地記者也早已在那兒苦苦等候了我們一個多小時。

坍方斷阻，困難重重

住進了羅東鑽石飯店之後，攝影記者劉錦漢的病情似乎愈來愈嚴重，推測的結果，全身跟「象人」一樣的紅腫，可能是因為坪林的河蝦配上了酸壞的飲料才造成了急性過敏。幸好巧遇正在年度休假的台視工程部同仁林錫鈴，在他的悉心協助照顧下，劉錦漢才在徹夜失眠的痛苦下熬到天明。一早清晨五點我們又起床上路了！

為了採訪家屬和受困的同學們相會那一刻，也進一步了解登山同學確實的狀況，我們繼續以兩個半小時的山路車程沿著中橫公路宜蘭支線趕赴太平山莊。沒想到，才過了大同鄉的英士派出所，就在台汽公路八十九公里處出現嚴重坍方，完全阻擋了上山的道路。我們只有眼睜睜望著遙遙的山路興歎不已！回頭瞥見不斷滾落順向坡走山的風化土石，襯著陡坡下滔滔湍急的蘭陽溪，霎時採訪工作的前景又變得一片空白、無從著力。

所幸，多虧得到宜蘭同仁傳來的最新消息——受困同學將用直昇機從山裡接到寒溪派出所，也就是距離太平山莊兩個多小時的另一個出山口。同時；另一部分健康情況較好同學則已經用步行或摩托車接駁的方式，正在翠峯湖前往太平山莊的路途中，只要這邊道路修復暢通，將立刻由這裡出山。

親人相見，淚灑寒溪

這麼一來，在我們有限的人力和時間下，開始面臨了一個極度困擾的兩難式，尤其兩個出山口距離如此遙遠，萬一趕到寒溪，直昇機已經把同學送到宜蘭，而這裡往太平山莊的道路一直不能通車，豈不將兩頭落空。在千鈞一髮之際，應該繼續等下去？還是趕到寒溪？也只有大膽跟命運一搏。

經過仔細推斷，我們先奔往位在大元山區的「寒溪」，然後再趕回處於太平山區的「牛鬥」和「英士」。想像一場精彩的棒球比賽，要演出「雙殺」的絕佳守衛都不是件容易的事，何況我們只有三個人、一輛車、一套攝影器材，同時想接兩個球談何容易。

幸好，兩批出山時間略有先後，我們總算在計畫正確下兩頭都做到了完整的採訪，真是虛驚一場。採訪終於告一段落，但卻又是另一種忙碌的開始，因為採訪歸採訪，電視新聞能夠即時的完整播出才算數。

火速從北宜公路回台北趕晚間新聞，為了爭取時間，搶在車上整理資料，並在急駛中寫稿，即使兩眼發黑，手寫出的字也一樣是「九彎十八拐」，但新聞記者必須如此適應各種境遇，要是無法隨遇而安，戮力前行，自將影響任務達標。

這次採訪中最令我們難忘的一幕，當然是十三位同學和家人兩地重逢團聚的一刻。其中特別是一名女學生哭得涕泗縱橫之餘，還拍著老父的胸膛流露真摯歉疚的那一幕，最令人動容。畢竟原本以為幾乎將面對天人永隔的悲劇，終能在這樣喜極而泣的情形下圓滿落幕，總算是值得安慰了。至於，為了十三名同學受困而勞師動眾前仆後繼的搜救，最後得到了各方的喝彩，也給予許多喜愛山林野趣的朋友們一些嚴肅的警惕，行前應該要做更審慎的評估，以免浪費消耗社會資源。然而，對於我們這群雖然沒有直接參與搜救，卻可能比其他人更加忙碌緊張的新聞記者來說，又再度攀越了人生另一段難得磨練考驗的經歷。

當時的新聞採訪手札上我寫到——

重回災難現場前線的採訪，這次我更加全面看清楚：
原來每一段新聞報導艱困的進行，就是自己生命學習成長的修行。
這是一份人生圓融幸福的能量恩典，給予我在未來的歲月裡恬適安享。
取之不盡、用之不竭。

社會狂潮的脈動

金嬸婆玩股票——台灣也抓狂

「快樂是什麼？快樂就是股票天天漲停板！」

一九八九年九月二十五日，台灣的廣播收音機裡傳出一陣嬌嗲嗲的聲音，和著股市場子裡逐漸消散的嘈雜人群，金嬸婆首次湊近落地玻璃向裡邊兒望了望，對這個陌生的小屋子倒是益發好奇。

列在入口不遠處，一排排黃綠的塑模兒椅上，還七倚八靠地坐著幾位口沫橫飛的男女老少。不知是金嬸婆國語不好，還是跟那群人有段距離，隱約傳來的盡是些她聽不太懂的對話，唯有間歇爽朗的笑聲使她暫時壓抑下心中些許不安的忐忑。

寂寞與嫉妒

「太漂亮了！全部亮燈漲停！打麻將都沒那麼好賺！」一位闊氣的少婦牽著一個約莫不過三、四歲大的小女孩擦身而過，津津樂道的盡是躊躇滿志的得意模樣。

回頭睥睨著餘光偷偷瞧她，那身鮮紫的綾緞洋裝襯著爍白螢燈下溜閃的暗金花絲，好不奪目！想來，當年自己在她這等年紀時，不也左思右盼拿到這麼一塊細緻的進口布料，讓巷口上海姚師傅裁個窄窄的壓膝旗袍……。只是暗茶色玻璃上顯映的自己卻是滿身黑漆漆的裝束，除了先生志文生前唯一攢錢買下的這條珍珠項鍊外，平凡庸俗的面容恰似張壓箱底的黃舊報紙。想到這兒，金嬸婆不禁忿睜睜地步向交易大廳，腳底是漫無目標在閒晃，腦海中浮現的則盡是隔壁張太太家那一對「火氣膿疱」。

「要不是氣不過那個暴發肥婆也有在股市賺大錢的一天，我才不要來這個鬼地方！」金嬸婆半詛咒、半自責地低聲咕噥著。

反正每次一想到最近老是穿金戴銀，在街坊逢人炫耀大發「股票財」的張太太她就有氣，而最惱人的還是她那個活像豬頭山的老公。禿頂上摺著三、兩撮毛鬃，一副現在發了，見人硬是細眼塞在鼻孔裡瞧不起人的死樣子，想想真是火冒三丈！

「有什麼了不起！兩個胖做堆也沒看他們生出個什麼來，阮守寡三十年，留下一雙兒女就算窮一世人，又哪裡差過！」自言自語的金孀婆，其實正用腦海意識流的交錯，平歇內心面對自我首次涉足股市的緊張焦慮。

順著人群的指指點點，仰望掛在壁上的大板子，不覺令金孀婆噗嗤得想笑出來！看看那上面紅七扭八的數字配上現場吱吱喳喳的聲響，還真讓人有些置身台北車頭的錯覺。而這個方方長長的大看板也成了她在此地唯一還算熟悉親切的玩意兒。沿著前排座位，金孀婆和其他人逆向而走，側頭不經意間看著，她突然忍不住興奮地叫了出來幾個上市的股名：「新『店』（燕）、『太』（大）魯閣、台『北』（化）……」

霎時，光陰隧道好似又回到三十六年前新婚燕爾的那段日子，自己不也是這麼傻乎乎地從花蓮太魯閣鳳林老厝轉車到台北。每次等待啊等待，也是這麼拎個包、目不轉睛的楞盯著火車時刻板，直到那調到台北的飛行員夫婿雇個三輪車來，才到他基地營區外的冰果室裡瞎磨襯一天……

「哈！哈！哈！」一串銀鈴般笑聲扯斷了金孀婆飄逸的思緒。

「嘿！您是第一次來吧？」

金孀婆羞赧地回頭一看，向自己說話的不正是方才那位風姿綽約的少婦嗎？這才清晰看到她的五官，長得還頗為清秀。一晃眼，只見她身旁的小女娃手中多了個塑膠袋裹著的麵包，小小的嘴兒恐怕牙還沒比我多幾顆，正甚為吃力在啃著；呆滯的目光與少婦活靈活現的表情相較對比之下，實在顯得些許突兀。

「老天喲！那是──新『燕』、『大』魯閣、台『化』──妳還以為在趕火車啊！哈！」

經這位少婦熱絡的幾句話金嬸婆也忘了羞窘，更別說眼角的魚尾紋，反倒抿著嘴咧出了天真的笑容，畢竟這位楚楚動人的女士並不像她外表那麼讓人隔閡疏遠。再聽聽她講的話多率真，原來旁邊的娃兒竟還是她的老二呢！

自己的天空

「沒關係啦！去年我剛進場的時候，還不是狗屁不通，您知道嗎？我也曾經把『太實』唸成『太寶』、『士電』搞成『土電』，笑死人了！哈！哈！」

看到金嬸婆只顧陪著笑，少婦又急忙串起話眼兒：

「我姓沈，這是我女兒芬寶……其實啊！現在妳看看在台灣股票市場上，每天進進出出的沒有幾個真懂股票嘛！『股票』對我們這些搶短線的小散戶來說：長期持有的抱負太空洞，其他什麼……選本益比的學問也多罔然！說穿了『股票』就是該讓我口袋裡『鼓』滿了鈔『票』！那些上市公司又績優、又除權、又配股配息的，我們小老百姓哪弄得清哦！」

沈太太一說到股票可真是眉飛色舞、如數家珍，或許也正是為了剛才有點兒莽撞的搭訕而刻意在兜些話題，釋除尷尬的氛圍。一旁的金嬸婆盡是癡癡大笑著，因為對她來說，這幾番話已經夠高深的，而沈太太那率直的誠懇也似乎令她在這一片陌生中，發現交到一個最為親切的朋友。

「我姓金，人家都叫我金嬸婆……」她總算操著濃重口音的國語低聲說道。

「股票我係金（真）地不懂吔！厝邊頭尾說買這比簽『六合彩』又安全又夠好賺……今天第一次跑來看看。

「就是嘛！什麼『六合彩』！我原來簽『大家樂』，結果都一樣，不是組頭跑了，就是槓龜。後來一週改兩週，兩週改沒有，台北又改香港。哦！槓龜的錢至少可以買五千股『台塑』！就算天天跌都賺，何況最近猛升有夠抓狂！」

兩個婦人就這麼一搭一唱談起了賺錢經，笑語中真是一見如故，從開戶到選股，金嬸婆可逮著機會飽飽的吸收了一肚子「科普新知識」；要不是沈太太待會兒兩點半鐘還有個什麼「股友社投資人選股速成班」得趕去聽課，這番面授機宜可還有得聊呢！不過，時間或許過得並不快，兩人口沫橫飛的俯仰間，瞥見的芬寶依舊目光呆滯的將塑膠袋口湊滿了半張臉，兀自有一動沒一動地還在咀嚼著麵包。

「要不要一起去聽？三千塊聽八次，很多內線消息加秘技絕招哦！」少婦看著金嬸婆支吾不定的空檔緊接著又說：

「想想也滿新奇好玩的，以前當學生的時候無牽無掛也從沒這麼用功認真過，現在有了老公、孩子一大家子，反倒我變得這般好學不倦，真是利之所趨！——至少我覺得不該跟時代脫節，而且這麼一來不但可以打發時間，最重要的還是可以大賺私房錢，老公「莫宰羊」無知！」

金嬸婆看著她雪亮亮的眼眸，好一個美人胚子。雖然最後金嬸婆還是以「恐怕有聽沒有懂」為由婉拒了沈太太的美意，但是回家一路踱在塞滿停放機車的行人紅磚道上，反覆思索的卻都是她那如「鳳姐兒」般的快人快語。誰教自己像她這般風華時，靠的竟是一針一線的女紅手藝，撫育著志文意外因公空難殉職後孤雛遺腹的一雙兒女。小文、小志固然有孝，但是一個遠嫁美國，一個忙於營建工程，天天早出夜歸的，連當護士的媳婦美娟都跟他照不見幾次面，更別說生個孫子承歡膝下了。不過儘管如此，街坊裡瘋出野進厮玩的鄰家囝仔們，還都不忘恭恭敬敬的喊自己一聲「金嬸婆」。只是，把子女拉拔長大了，現在自己卻除了老花退化的手藝外，只剩下街尾公園晨間運動學來的幾個龍套鐵扇和瞎擺胡甩的活寶廣場韻律舞。其他的生活……除了惦記子女以外，幾乎一片荒蕪。頂多，頂多還剩點兒捉狹好強的嫉妒批判。

空虛之餘，金嬸婆不禁憶起臨走前少婦再三叮囑的：明天九點整開盤，至少要提前個十五、二十分鐘到場子佔個好位子。她還說要為我引見幾位消息靈通的「股友」，聽說：還有不少關於「明牌」的第一手消息呢！

「嗯——對！賺錢是其次，我也該有自己的……」

喃喃自語地穿過巷口那條車水馬龍的小街，途經裁縫店頂讓改裝的 7-11 超級商店，雨絲交織的迷濛中浮現的還是一個佝僂乾瘦的身影。

股票龍捲風

人聲鼎沸，金嬸婆夾著暗灰色的皮包側身擠著，整個營業廳全是無法喘息的場面，四處洋溢著頗有點當年愛國獎券開「特尾」大獎時的凝重氣氛。

「金嬸婆！」

「怎麼現在才來？這邊有位子！」不遠處只見沈太太邊嚷邊敦促著，扮得像小公主般的芬寶挪空個位子。

「囝仔怎麼坐？」

「唉呀！她反正坐不住只想出去野！立在我手邊還好管呢。來！這是秀芳，這是美鳳，那是阿匹嫂、柱仔公、阿三哥……」沈太太前句還沒歇著、後句就冒，金孀婆只是跟著這兒，漏了那兒的，杵在比昨午收盤後更熱絡的人群中，目不暇給地大開眼界囉。

「哦！人有夠多……」金孀婆不禁嘆道。

「股市嘛！全就仗恃人氣。人氣旺、買盤足，承接強、走勢穩、才飆竄得過大癮！」

「可不！昨天下午那個胡老師不就說嘛：我們台灣的股市全世界第一名，拿成交量和股市規模來比什麼的！反正連總金額都直追人家紐約、東京呢！」

「唉！好又個怎麼樣！去年十月國內外大崩盤，股市就有夠土、土、土！市場上隨便放幾句謠言就能把投資人嚇得信心崩潰！我的天公伯、媽祖娘娘啊！那時管他『投資』還是『投機』的，每天光是看那藍單子滿天飛，真是『天天天藍』——教我能活下去『也難』！其實經濟情勢並未惡化啊！哼！誰叫人就是沒信心，激不起買盤！」

「拜託好不好！加權指數再兩天就要衝九千了，你這烏鴉掃巴嘴還崩什麼崩？崩你個豬頭哦！」

「我就說嘛！七千八那裡支撐力有夠強，一竄起就節節高檔，哈！我上週進場是對的！」

「不必了！也不知是誰給我的什麼烏龍小道消息，加上自己又沈不住氣，兩個漲停就獲利回吐，結果看看現在這股飆勁兒！偏偏掛進都買不回來，一進一出不知道我少賺了幾十萬咧！」

「誰不知道逢高該出脫部分持股，先賺個本兒，走低也不急啊！你沒聽過『飆漲誠可貴，反彈價更高』嗎？真是二百五！」

「你擔個什麼心！再怎麼說你賣時還賺啦！不像我從死老王那裡偷來個什麼狗屁利多消息，一下子瘋狂買進，一下子全數出空，賠也就算了，現在才弄清楚，搞了半天全在幫人家『內線交易』的大戶作手『抬轎子』，真嘔死了！」

「看你就是副天生的轎夫樣，自己不會把上市公司財務結構仔細分析一下，算算本益比，小腦想想也知道敷不敷！這麼莽撞去跟人家炒、一窩蜂亂摸魚，難免逮個大白鯊！」

「……」

金嬸婆可真被唬住了！她不過才開口嘟囔了一句「人多」，就瞬間引來這附近方圓五公尺內，三姑、六婆、七爹、八爺、九奶、十娘、十一郎、十三姨……的左一言右一語，也不管相識與否，每個人都擠著自己僅有著點的馬路知識喋喋不休。畢竟「股票」就是大家共通的語言，即使在金嬸婆耳中聽來像「外國話」，匣子一開，蹦來蹦去的連珠炮竟也如此順不溜丟地閃躍在他們的舌燦蓮花中，打發著股市開盤前那份「期待又怕受傷害」的心情。

這等熱絡的情境，也難怪近來到菜場、進超市、搭公車、上電梯，紛紛紜紜的寒暄語句居然不再是「你吃飽了沒？」也不是「你簽幾號？」而是「你買那一支？」看來躬逢其盛，何不也來個舍我其誰呢——金嬸婆若有所悟。

怪力亂神仙

「明牌！」沈太太嬌嗔的一聲可壓靜了大半個場子，霎時眾人的目光盡投向這裡，也不知是被這敏感的字眼吸引，還是想順眼一睹這顆「股市明珠」的輕顰淺笑。

「說到『明牌』！這有時還真準呢！像我們阿匹嫂撞見一個男的裸奔就買『光

男』、柱仔公看到三個野妞跟他笑就買『三芳』……。結果——可都一一全面漲停板大賺哪！」

「喂！我跟你們講，上次人家告訴我，是不是尼姑和尚也和什麼『神明牌』……有關哪？」

「哎喲！這是哪輩子『舊聞』了！『尼姑進場、不跌便漲』……，去年倒是甚囂塵上；當然廟裡的香火錢自不辜負神明的旨意，反正造橋鋪路做的也都是好事兒；倒是台北天母有個通靈的半仙才神奇呢！他那奇門遁甲掐出的全月預測走勢圖居然絲毫不差……」

「哦！真的啊……」

「明牌」、「命名」、「香火」、「半仙」……這些話題雖然令金嬸婆對股票更加滿頭霧水，但是這些熟悉的對白倒是頗感親切——「這裡真好玩！」金嬸婆心裡想著：「這兒七嘴八舌的總比一個孤老太婆守在家裡等兒子下班來得好！」只是始終讓地微微泛著不安的卻是芬寶——一次又一次從她呆滯的眼神中看到的為什麼總是份孤單落寞，而這不正是自個兒孤老太婆平日悶在家裡時經常糾結的抑鬱情緒嗎？為何這般老邁的滄桑也會浮現在芬寶稚嫩的臉上？

「芬寶！鬧什麼鬧嘛！讓妳阿母好好算算現在掛出到底賺多少嘛！」

只見沈太太捧著計算機仔細盤點著今天所賺的「紙上富貴」，對她來說，小孩子似乎永遠是「吵」、「鬧」、「壞」、「不乖」、「不聽話」，頂多塞個麵包、扔個玩具就可以打發。言談中才知道，帶芬寶來這兒也是不得已的，誰要她老公醋勁兒大，既小氣又不喜歡她四處拋頭露面；最後當然只有瞞著老公炒私房錢，每個工作天等老公上班後，藉著送大寶上學或買菜的名義溜進股市。反正兒子幼稚園四點一刻才要接，不接的話近得很，自己也會走；至於芬寶當然就是必須從股市營業廳拖出拖進的份了。

儘管不少股友看她醉心股市，常不時勸她什麼女人的事業在家庭，還有什麼號子裡人煙嘈雜、空氣污濁不適合囝仔小女娃久留。但是沈太太總是慵懶地說：「……『老大照書帶，老二照豬帶』，誰叫她是老二！」

三兩股友偶爾也會主動帶帶芬寶，或胡亂買零嘴給她吃，只是熙來攘往的股票市場，匆忙的交換消息、進出賺錢才是要點，誰還關照得了什麼俠骨柔情、溫情「買」人間……。他們說：去年底股票「四大天王」之一的「愛國大戶」不就是太顧道義才翻跌了個大觔斗嗎！左看右看擠在大人膝腿邊的小芬寶，活像個股市裡的小玩偶，任人毫不經意的伸手逗弄著。這一幕硬是烙在金嬸婆無奈的心底。想當年志文的英年殉公，自己手上摟一個，肚裡懷一個的還不是未計一切代價的把兩個小毛頭拉拔長大成人；比比現在的父母們對孩子要不溺愛太多、就是關懷太少，真不可同日而語。

城市股票族

「伊娘喂！電視台又來了！簿子快借我遮個臉，我老公看到就慘了！」沈太太從身邊一位斯文的李先生手中一閃地就搶過了本厚厚的筆記。

「嘿！妳天壽哦！我老闆也不知道我溜班啊！」李先生氣急敗壞在低吼著。

由一推一擠當中可是逗著金孀婆忍俊不住，全忘了剛才胡思亂想的那一大缸往事。定睛看看這位一副規規矩矩業務員模樣的李姓小伙子，實在怎麼看都像是該在企業工作崗位上生龍活虎、衝鋒陷陣的職場生力軍才搭調啊，怎麼這會杵在這兒，盡跟群娘兒們唉唉喲喲、伊伊呀呀的！難怪小志近來老跟我埋怨什麼找不到包商、請不到工人。他說在股市投機的熱潮下，不但財富重分配，富益富、貧益貧，對生產事業來說，老闆不想再投資，工人也懶得操心力；誰教股票縱有風險，卻時有耳聞人們海撈大賺得盆滿缽滿……

「這個小李表哥啊？還算有些頭腦，挺會分析行情的，每天就是拿著這本大簿子又記又算，還不是想快存多點積蓄好買棟房子娶老婆——現在房價也是漲得嚇人，一個老中古屋栽上個好地段都開個每坪二、三十到五十萬元，薪資階級誰買得起喲！不過您別看他溫文模樣，去年崩盤的時候他可神勇呢！」沈太太一手遮著面、一手摀著嘴，呢呢噥噥地湊到金嬸婆耳邊，腋窩裡還塞著她那綴滿細銀珠子的對頁兒小皮包。

「那時候一片慘跌聲中，電現台好死不死又來拍，拍也就罷了還盯著小李猛拍——大概他生就是個苦瓜老實和尚面頗有代表——嘿！倒可惱火了這個外柔內剛的烈性仔！他啊！先是悶不吭氣，再來說時遲那時快，一伸個手叉就掐著那攝影記者眼珠直打轉兒，胡亂扭扯了好一陣，真笑死人囉！」

聽到這裡，金嬸婆對那股衝動莽撞略有餘悸，不過看看眼前一張張誠摯可愛的臉龐，正為著紛紛亮燈漲停的股市佳績露出了天真的笑容，令她倍覺溫馨。趁著大夥兒盯著板子的間隙，金嬸婆不自覺地用她纖細的食指透了透旗袍領端皺擠的粉頸，這件十年前最時興的寶藍碎花旗袍還是小志結婚時，才心一橫買下去的，現在穿起來雖然略緊，但是今天要不是為了來這裡，恐怕還捨不得穿。

「這一頁我們看到水泥食品股全部是漲停的局面，而這一頁也是全面上揚，至於這一頁更是……」

十六個三十二吋電視牆傳出股友們洋洋得意的收盤價，大夥兒又是成群湧到電視機前，吱吱喳喳笑語不斷。

「什麼這一『夜』、那一『夜』的，那麼多『夜』，真刺激哦！讓我當記者去播報都比她好耶！」

「唉！算了！人家有上相的卡美拉費司，你去！去你的！可不嚇著人家囝仔午覺睡不著，還得到恩主宮廟找收驚婆婆咧！」沈太太糗著大言不慚的阿三哥，金嬸婆則只是似懂非懂地笑得前俯後仰。

又是個曲終人散的時刻，金嬸婆和這群才認識的新朋友們一起步出營業廳，雖然今天才讓沈太太最熟的營業員小林幫自己搶進了兩張績優股，但這兩天以來，她卻好比進了大觀園的劉姥姥可是增益了不少見聞。大家三五稀落的互道明天見，又剩下踽踽獨行的金嬸婆還在路上記記忘忘在惦著這些情事：

「原來漲停就會賺錢，可是每個人都賺，誰賠呢？」

金嬸婆想起那些愈投愈大、愈迷愈深，甚至不惜擴張信用去借貸的股友。畢竟有錢賺也相對有賠錢的風險要擔，這該不管什麼投資都一樣吧！她堅定地想著：要我弄個滿屁股債或因貪念而血本無歸，即使過去再怎麼苦也不幹！問題是現在社會富庶，這群「城市股票族」裡又有幾人像她這樣含辛茹苦去攢過一分一角，曾煎熬過度最絕望的困境呢！

東想西想間，自己的腦筋像個生銹的齒輪軋軋作響，而卻有一幕始終閃現在她的腦海——那還是芬寶呆滯的目光……。

「就這決定了，明天星期六買個大洋娃娃給她！」

花傘下的金嬸婆自言自語想著，似乎又對那個令她疑惑的股票世界重新燃起一線希望的契機。

高峯與谷底

陰霾的天空下，儘管雨勢未見轉小，中秋明月看來已是無望，不過這個週末的最後交易日還是交投熱絡，人氣旺盛，你賣我接的俱見長紅佳績。喜出望外的沈太太可像極了隻滿場飛舞的花蝴蝶，每每談到手中的幾支超級「股王」就是樂不可支，還口口聲聲的說：「惜售！惜售！還有的漲呢！」

看她這等俏模樣真是可人，有兒有女，不愁吃穿，外加上手握股王鐵券，怎不令人豔羨不已。不過蹲在她身後的芬寶就不同了——雖然三天來，看她一天就換一套新穎童裝，但是小囝仔卻除了金嬸婆的大娃娃禮物外，竟沒有一個朋友。單調撥弄著洋娃娃會眨動的藍眼珠，無奈的景象似乎就像大人逗弄她的時候一樣冷峻。這個「股市兒童」成長的空間不是綠草原野，不是海闊天空，卻是成人世界裡追錢逐利的虛幻世界……

「啊！……我怎麼辦啦——「我死了！全部被套牢了！」不是說那個稅不會這麼快嗎？」才不過一轉瞬間，沈太太卻是喊天哭地的怨將起來。

「哦！有夠狠！說徵就徵，三百萬？不要說大戶、中實戶，連我們這批雞毛散戶都跑不掉！他們就是見不得股票漲！」

「喲！那麼激動幹嘛！股票賺了錢交所得稅本來就應該啊！反正持有一年以上的稅捐就減半，而且明年開始登錄，後年才繳，急什麼！好好長期擇優投資才是股市正常化的第一步呀！」小李表哥和沈太大爭辯著。

「你當然輕鬆一旁看熱鬧，自己上午才出清存貨大撈一票。我呢！全是紙上富貴、過路財神！唉——為什麼偏選這個時機，連點徵兆也沒有？——好了！現在中秋四天半的假期全泡湯了！」

「這又不是世界末日，恢復徵稅也不是一定下跌，大家不搶賣自然不會跌，至於徵稅嘛！秘密研議、閃電推出也是財政部的一番苦心！」

「你可別忽略那些空頭和丙種墊款戶！金主催債下一個個「斷頭額子」殺出、

空頭助跌，最後連共同基金為了客戶贖回都只有逃命，其他再扯進什麼地下投資公司、民間雜爛游資更是惡性循環！阿娘喂！我真是……『馬不停蹄的憂傷』、『我的未來竟是夢』……哦！對了！你不要得意呀！哈哈！告訴你：今天上午你才掛出的持股，當心二十九號人家看長黑拒不交割！」

「啊？不……我想不會吧，那太難為情了！我的外國朋友說，大家都受過教育，如果這樣太不可思議了！」

吵嚷間，金嬸婆這才發覺剛剛電視新聞中記者播報的那段「乾稿」，可真是引來了「金融大海嘯」般的震盪。周遭股友們情緒上的突然天壤轉變，由巔峯墜落谷底，倒令她此時站在一旁也尷尬地不知該喜該愁、是走還留？唯有和氣的阿匹嫂不疾不徐、鐵口直斷在向金嬸婆說道：

「有一家二十六年的老券商叫『亞洲』，每搬一次家股市就巧合的崩一次盤。至於妳呢！也是個倒楣碗粿掃把精！昨天才進場今天就利空出盡，妳這金嬸婆好像另外那家昨天才開幕的新號子『月月春』一樣，可真是一出生就碰到饑荒呀！」

怎得一個愁

望著先前鼎沸的歡聲雷動，頓時竟成了愁雲慘霧，一個個跌落到谷底的心情如此無法言喻……。金嬸婆唯有默默看著他們，而此際心底泛起的卻如同兩天前首次造訪此地時一樣的肅然陌生。現在，沒有人還存著閒情雅趣再搭理她，當然也沒有人再有悠哉心情去逗弄芬寶。鳥瞰偌大的股票營業廳裡，縱然依舊紛嚷著鼎沸的嘈雜，但相映對照的卻似乎只有兩個同般孤單的身影……。

整個中秋假期裡，金嬸婆盡是鬱鬱寡歡待在家裡，不再聽到股友他們的任何消息，僅在教師節前一天下午看到電視裡有一篇好長的演講，然後記者們爭來搶去問的什麼稅啊稅的。大概就是那個爭議的問題吧！也難怪的既有爭議就該藉記者向官員發問來一一解釋澄清，否則何苦休假天還開會——只是金嬸婆都嘛有聽沒有懂。她心裡想著：這倒耐人尋味，電視上同樣的中國話他們一定都懂，但是我不懂；股市裡同樣是血肉丹心我懂，他們卻不懂——至少他們不懂芬寶。

時間一天一天的過去，金嬸婆常常回想著那兩天裡股友間的詼諧笑語，心裡自不免深深惦記起那群可愛的朋友。只是假期結束開盤後，金嬸婆卻反而有點近鄉情怯的矛盾，不敢再粧點自己去到那個有人會刻意留位子給她的地方。或是怕自己的笨拙無法平息他們的憤慨怨懟，或是，怕再看到菜籃族血本無歸、老榮民過分激動、少年郎怠忽工作、小娃兒無人理睬……。幾天下來，金嬸婆的心便是如此猶疑不定，有時甚至流露出極端的焦躁，只不過她似乎已不再想起那令人厭惡的張家倆口子，也遺忘了自己還有兩張正在一瀉狂跌的股票——反正這些早就照例，一起鎖進了自己牀頭前的五斗櫃裡。

此刻倒興起了個念頭：想再聽聽大夥興高采烈地說股票「外國話」，也想再看看芬寶和她風情萬種的俏阿母。

間歇地，每晚電視上看到立法院內唇槍舌劍的爭論、部會機關外示威抗議的人潮、黨政部會協調下折衝樽俎的進展，以至民主社會上對立輿情的消長……一會兒重申二百萬、一會兒一仟萬；一會兒呼籲政府退讓、一會兒要求當局堅持；「投資人」總嫌不夠、「沈默者」又以為太多……，就看父子牽驢上上下下莫衷一是、喧嚷不休。上了年紀的金嬸婆天天坐在電視機前都已經感受到一種無形的壓力，想想那些官員、立委、券商和股友們，一定也在反覆希望失望、起起落落、憂憂歡歡的情緒下，忙碌扮演著人生舞台上各自濃縮的角色。唉！真應驗了李清照的詞：「淒淒慘慘戚戚，怎得一個愁字了得」。

「我要去看看！」

金嬸婆下定了決心，抬頭但見粉牆上高懸的大鐘正端端的指著十一點四十。匆匆出門，慌亂間連平日最心愛的珍珠項鍊都忘了戴。才坐上計程車金嬸婆卻又不覺懊惱著自己的衝動，只不過還是像個急驚風的老天真，一古腦的就鑽進了空蕩蕩的營業廳。整個號子裡還沒收盤卻異常冷清，僅有的人也憂心忡忡在議論紛紛，只見有人索性在場裡將持股整批打折叫賣私下場外交易，有人則義憤填膺正大放厥詞邀集股友共商對策。至於營業員們則難得如此清閒，聽到他們看報抬槓之餘，說著什麼現在的行情漲漲跌跌都沒法子用技術分析了。

快樂是什麼

「阿婆！」

這突如其來的一聲清脆脆的小聲音，還令金嬸婆舉目遍尋不著之際，卻感到一股力量在扯著自己的旗袍下襬。

「啊——芬寶！妳媽咪呢？」

但見芬寶胖嘟嘟的小拳頭揪著金嬸婆的衣角，另一隻手則抱著送她的大娃娃，金嬸婆露出著滿面的笑容等待她的回答。

「媽咪說……立法院……芬寶乖乖等。」

這次金嬸婆才仔細聽清楚芬寶第一次開口的話語，聲聲句句竟是這麼惹人憐愛。

「什麼叫做立法院，妳知不知道立法院是什麼？」

金孅婆側蹲著，一手環著芬寶，一手順把垂在地上的洋娃娃挽起，儘可能用她最細緻的嗓音輕輕的說道。唉──天曉得！這個年紀的孩子哪該懂什麼立法院，他們的字彙裡應該只有兒童樂園哪……

「阿婆帶妳出去玩好不好？」金孅婆毫不遲疑地問著。

「好！」芬寶也毫不遲疑的答著。

牽著芬寶的手穿過一撮撮哀怒交集的人群，還管他什麼股票不股票呢！想買的以後再買，已買的就算長期投資，反正二、三十年來五斗櫃裡也沒丟過一個蹦子兒，倒是今天小寶貝第一次開口對自己說話，這才讓人滿是豐盈振奮卻又心疼。

金孅婆在服務台留下了字條和電話。這才知道幾天來芬實都是這麼孤伶伶的擱放在場子裡兀自杵著，堂堂證券商號成了托兒所自是微詞不斷，而小囝仔寂寞等待的心境又情何以堪。只聽說今天上午中南部大批股友又包了好幾輛遊覽車前來台北陳情抗議，沈太太一夥也在召集下加入行列，看來大半天是回不來的！

步出營業廳，門外隆隆的車聲再度囂嚷，但是這份同樣的嘈雜卻似乎令芬寶興奮而雀躍。扣在手心潤潤的小掌不時傳來更賁張的血脈，皮野野的小腳也蹬著無盡的活力！芬寶就像個解凍的冰山，怯怯散發著淡淡的光華。踏下前庭溼滑的大理石梯，駐足仰首四處盡是鮮美的陽光，一片亮麗無垠的天空下，倘徉的這等模樣才應當是屬於她的年紀——這個純真活潑快樂的芬寶。

連日霪雨中，難得午後乍現的陽光把這一老一小顯映出更清澈的身影，金嬸婆幾天來心頭的陰霾也一掃而空，畢竟為別人帶來的快樂能如此呈現在眼前，自己的快樂又何嘗不更加豐碩！

「快樂是什麼？」——股票以外，這是她第二個不想再問的問題。

麥克風的悲歌——吵嚷不休的立法院

山雨欲來

陰霾的天空不時飄著絲絲細雨，採訪車輾過濕滑的街道濺起白花花的水波，點綴得不過又是一個例行外出採訪院會，單調無趣的清晨。

駛進位在青島東路上的立法院側門，熟悉的駐衛警向我們投來親切的微笑，即使在濛濛雨絲中依然清晰。瞥見堂皇的議事大廳巍峩地高聳在小小的噴水池旁，暮冬的濕冷寒意益發莊嚴肅穆地籠罩著議事大樓。穿過窄窄的邊間走道步向今天法制內政委員會開議的會場，身邊四周晃動的人影盡在緩緩簇擁走向群賢樓的電梯。

大家心裡多少有數，目前執政黨全力推動的、在野黨堅決杯葛的爭議焦點，還是那懸宕許久的「三大政治法案」——「人民團體組織法」、「選舉罷免法」和「資深民意代表退職條例」。一九八七年底的這一天正是其中「退職條例草案」繼續審議的大日子，難怪九樓廳堂裡總洋溢著凝重的氣氛，畢竟今天對長久以來備受詬病的所謂「台灣萬年國會」存廢將是關鍵的日子。

一張陌生的面孔正吹氣測試架設的麥克風，四方朝野攻防的密布戰雲也正蓄勢待發。兩黨對陣的立委們三三兩兩在側身竊語，各媒體的文字、攝影記者則各別找著適切的置高點，環繞著會場前端中央那張方挺挺的主席台。就當大家知道今天的主席臨時改為某位資深老委員時，全場嘩然。

九點二十四分，聯席委員會正式開議，雖然主席透過麥克風的音響在喧騰的嘈雜下依然清晰，但議場裡面卻慢慢開始出現了紛紜混亂的場面。

爆發衝突

「他憑什麼身分當主席？這不合議會規則第四十六條的規定！」

才開議，場中一名無黨籍的委員便三個箭步衝上發言台，搶到麥克風提出嚴厲質疑；而大約也在同時，另一名執政黨的女委員也踏上另一頭的發言台，抓住另一支麥克風抗議他的這項質疑，指其無權提出「權宜問題」。兩派人馬的對陣叫囂在隆隆的麥克風擴音中層層疊疊，尖銳的爭執也在麥克風刺耳的聲調中猛烈地相互撞擊著。

接著為了主席僅以「舉手表決」便通過進入逐條討論，更大的衝突還是爆發了。

不同立場的立委大人們一一由各方衝向主席台，「麥克風」頓時成了委員們競相逐鹿、勢在必得之標的物。你一手，我一口，「麥克風」像極了武林中眾家門派搶掠的「崑崙秘笈」還是「葵花寶典」。暫時搶到的人都會急促地向它迫不及待渲洩著怒吼咆哮；而搶不到的人則在七手八腳的人堆中，仍皺著眉頭死命想盡辦法要靠近它。這大概是「麥克風」今生最風光的一刻，尤其面對不少卷宗公文被遷怒的委員們給撕毀，扔擲飛撒了滿場時，它更是得意吧！

唯好景不長，未及十分鐘光景，交錯的臂膀中，麥克風便一具具的全被憤怒的立法大爺們扯斷了！此刻，殘破的麥克風就像一塊塊碎裂的美玉，全然無助地紛紛跌墜在步履踐踏的角落。

至於，主席台則像武林盟主的寶座，「八大門派」、「四大山頭」……眾相推扯之下，罵「混蛋加三級」的、喚警衛維持秩序的、要求針對條文發言的，一一各憑本事、互顯神通在叫囂喧嘩——任憑斷線落地的「麥克風」在熙來攘往的人群裡，仰望著這座民主議會殿堂裡如此高遠執著，卻又無聊空洞的理想。

此刻，國父　孫中山先生的遺像正鮮明的高懸在背襯嫣紅絨布的舞台上；「余致力國民革命凡四十年……」的遺囑，也依舊昭然揭示著一份來自近百年前先烈先賢草創民主共和的理想。但是就在講台兩側「國家至上」、「民眾第一」兩幀巨幅的對聯下，却演出了如此令人可笑又可悲的議場鬧劇，怎不令人感到這是孫逸仙博士撰寫《建國方略》裡的《民權初步》以來，最為諷刺的議事現場情景呢！

斷線民主

一波接著一波的拉扯紛爭，繼續排山倒海呼嘯在主席台孤島的四周，「麥克風」的噩運悲歌尚未休止。

休會又復議、上場又下台，在一陣陣「過分！」、「無能！」、「混蛋！」的叫駕聲中，為了是否該逐步逕付表決？還是該登記發言？莫衷一是。於是主席台上所有的麥克風設備全部都被立法委員們搗毀殆盡。不一會兒，一位原本悶不吭聲的在野黨籍立委也出人意表給摔來了幾張椅子，兩隻殘破的麥克風更撿在他手中，像鼓棒猛力相互敲擊著，更像兩把憤慨的火炬，點燃的怒火正像股焚風，燎原了整片民主議事的神聖殿堂。

吵鬧混亂之中，爭執的，仍由在野黨籍委員佔據下的主席台上持續爭執；決議的，却也在執政黨籍委員的議事席間正逐條宣布通過——此乃一幕何其啼笑皆非的情景呀！誰教所有的「麥克風」都被毀壞，此刻兩路人馬或才警省到方才的衝動。這頭要最後宣布「全案無異議修正審查通過」，那一頭又急著大叫「立法史上最大的悲哀與不幸」；然而沒有「麥克風」的擴音宣達助勢，只覺得這場「立法院四十年來最大的鬧劇」無以為繼。最後，終於在雙方各據山頭、擁兵自重的叫囂互喊之下草草收場。留下的不但是錯愕的記者、錯愕的觀眾、錯愕的全體社會人群；留下的也是滿地殘敗錯落的桌椅、卷宗和——「麥克風」……。

祥和的社會競演著暴戾的紛爭，手段與目的輪番混淆，沒有一方能辭其咎。當一具接連著一具的「麥克風」，在我們繁榮富足的民主議場上，不斷從仗勢的憑藉、爭奪的目標，墮落成棄毀的敝屣，我們到底還能為莊嚴神聖的民主理念殘存下多少的正義執著呢？

怕只怕這支台灣民主議會高掛飄颻的標竿旗幟，終究只不過像隻斷了線的「麥克風」，永遠也不可能激盪吟詠出波瀾壯闊、泱泱氣度的民主樂章。

揮別林園
——願石化汙染的林園不再是台灣的夢魘

污濁的林園

要不是阿爸再三寫信到台北來催，剛剛考進大學當新鮮人的我，才不想錯過社團在國慶假期辦的迎新露營活動呢！

阿爸的信裡說得殷切：「考上台北的大學，見識多……快回來商量出主意。」結果我不但趕搭夜車回來，還一口氣多請了四天半的事假。

走出高雄火車站，凌晨濕熱的夜風襲來衣襟微敞的胸口，寬敞的中山一路附近排班著不少野雞計程車。三三五五蹲在一旁的司機，嚼著檳榔，除了賭點小牌以外，大家談的還都是林園和汕尾鬧成大新聞的這件事。沒想到我們這麼一個平凡而不起眼的小鄉鎮，竟然變成大家口中津津樂道的熱門話題，實在使人想來就好笑。不過他們說：一九八七年九月二十一日的一場大雨後，汕尾漁港便到處是劇毒的污水，翻白的魚肚像一艘艘硬挺的小紙船在波盪的海潮中載沈載浮著，這倒教我聽了心頭為之一震，著實全身抽搐大吃一驚。

搭上野雞車，心中一直想著自己兒時林園的記憶——遠遠的土丘，寬敞的農田和一片無垠的大海，汕尾小港總是充滿漁獲豐收的喜悅。那時，自己才剛會走路，就跟著鄰家孩子在林子裡的水畔打鳥捉蝦；不過就在征收土地、石化工業區漸次發展的十幾年時間裡，這些美麗的童年往事竟已成為「代溝」般的神話，無法再與弟妹們分享了。

從車窗灌入的夜風猛然攪動著思緒，恍惚間，工業區裡那些鮮豔奪目的油氣火焰所點燃的，不再是幼時熟悉的世界，撲鼻的則是另一種酸楚腥嗆的滋味。面對這眼前滄海桑田的家園，我到底該如何啟齒呢？

回到村上，穿過稀疏的燈火奔向那段通往老厝從不曾迷失的小徑，只見盡頭阿爸佇立在門前，模糊又親切的身影泛著屋內昏黃的燈火。突然間，竟然想嚎啕大哭——這並不是因為第一次負笈他鄉後返家的近鄉情怯，而是看到了一個熟悉的身影竟然如此卑微不變地，一輩子都在如此污濁變色的林園裡生活著。

「阿爸！我……回來了！」

來不及等廚房裡的阿母出門搭腔，阿爸嘴裡已咕噥著什麼：本月六號大夥兒曾經衝入污水處理廠，逼得蔡廠長關機了事；明天非要弄個結果，三十萬，全村一個人賠我們三十萬，一角銀也不能少。

滾沸的林園

入秋的十月天，南台灣卻仍高漲著炙熱炎烈的「秋老虎」，濕透的短衫烘焗著一顆顆焦躁的心。今天晚上，我所熟知的村民就在糾結著長期積累的怨恨與憤怒之下，從我眼前冒出來的盡是一顆顆活似滾沸鍋爐裡躍動的氣泡……。

聽說經濟部派來了一位工業局的組長，還有廠商聯誼會的秘書、余陳縣長媽媽、黃鄉長和上次選舉來拉過票的林園縣議員們全都來了，討論的就是石化工業區污染了附近居民環境的賠償問題。時間一分一秒過去，焦急的七村民眾也不知進展得到底如何，只是議論紛紛的集結在污水廠外，等待談判的結果出爐。

「破裂！破裂！破裂！」

群眾中閃電般的聲響，驚醒了打盹的阿爸和我。抬起手臂側著臉擋住刺眼的陽光看向報信的鄰居，阿爸抹了抹唇角的口沫，帶著惺忪的睡眼，不由分說便跟隨著鄰人罵喊起來：

「征收阮的土地、污染阮的漁港，討不了海，又不給阮做工的機會！」

「廠商黑心肝，照阮條件嘛，嘸者叫阮攏總去死死？」

汕尾三村、中芸四村，憤怒的耳語似乎在瞬間正傳遍了這一個個典型的台灣南部小鎮。只是工業區門外撐起了更多高懸的抗議白布條——「毒氣殺手瀰漫，誓死封閉」、「官商合污人民苦」、「為子孫打拚」、「製造毒氣的工廠，非打倒不可」、「黑心的老闆，我們向你宣戰」……。這一張張白底黑字的憤怒、聲嘶力竭地宣洩著村民多年的委屈愁苦，可是，其實沒有人知道大家下一步到底應該要怎麼做，怎麼繼續走下去……？左推右拖來到了當下這等田地，茫然無知的不僅僅是環境該如何改善？這些衝動的群眾更有著不知該如何表達訴求、溝通協調的矛盾。

此時，我的腦海裡，突然想起學校大一系上必修課「政治學」教科書裡，老師才教過的理論——所謂「人格系統對政治的影響」：

「一個人之人格能影響其政治行為，許多人的政治行為能決定系統的運作。」

不管什麼影響、什麼決定和什麼運作，眼前鄉民們已盡是沸騰下點燃爆裂的火種。居民組成的巡邏隊，早就顧不得什麼「石化機具必須逐步降壓降溫的漸進停俥」說法，個個放下手邊的工作把關守夜，並且四處強制工業區內的十八家廠商停工。就在這巨波狂潮下，終於為整個林園石化生產重鎮暫時停機，譜下了工業文明無奈的另一種斷線休止符。

困惑的林園

一次又一次的協調會，縣長媽媽跑出跑進地張羅著，有時還帶肉粽來慰問留守的村民，並且扯起沙啞的嗓音說道：「咔理性喂！嘸者高雄縣給全台灣人攏笑死哦！」大家聽了一陣莞爾訕笑。

笑歸笑，我的心裡卻盡是困惑——如此心情下的村民到底還能聽進多少疏導勸告呢？像十三號那天，工業局長親自出馬南下時，三個多小時的協調會談，換來的依舊是更大的爭執啊！局長從經濟發展、國家大局，講到政府防治污染的決心……，這些「大道理」言之鑿鑿，卻真是個食古不化的高學歷智障班長，書都讀到哪裡去了？連我才十八歲大一新生都聽得出來，他是政府派來幫倒忙的一顆鮮嫩的「驢蛋」，盡在傻呼呼地提籃送水、汲油救火；不但協商全然「無彩工」，反而還益發刺激了村民不耐煩的群情激憤，直接飆升至最高點。

也不知何時開始，包括阿爸、阿母在內，沒有人再相信拖了十餘年的環保陳痾可能將會有改善的那麼一天！既然遷村不成，那麼就只談具體的賠償吧！

我心裡煎熬著。主修政治理論學課本上的知識告訴我：

「政治參與的目標，其一為提出政治要求，其二為表示對某種政策的支持或反對」。

但是，現在眼前的鄉親父老要求和支持的目標又是什麼呢？——在長時間一次又一次的失望沉澱後，已約化成「要賠錢，不必環保」的畸變現象。甚至，利益當前，汕尾三和莊的東汕、西汕、北汕村民，遇上後來才加入索賠行列的中芸、鳳芸、溪州、西溪四村民眾，竟然還在相同的爭取目標之下，為了「誰應得較多的賠償金？」以致彼此形同水火，險些節外生枝。

爭執似乎將永無休止。

儘管隨著外界的新聞報導，鄉人都知道林園十八家工廠停擺已經造成全國的經濟發展情況吃緊，特別是台灣中下游石化工業全面告急！不過，阿爸說的也沒錯：「我們對石化的污染毒害容忍了十年，你們停工連十天都不到就唉唉叫，真沒天良！」

幾天假日裡，我就是隨著這群震撼全國的「林園大軍」，堂堂皇皇的屯駐在污水處理廠的裡裡外外。走道上草席一個挨一個，大堆的空飲料罐頭置放在門邊角落。我也悠閒地打打香腸、吃吃臭豆腐、還品嚐屏東來的烤伯勞鳥，或是聽聽同村的歐基桑們大談六合彩的明牌傳奇來打發時間。從白天到夜晚，眼前盡是涵泳在一片星光燦爛的夜空下，自己萬萬沒料到，雖然未留在台北參加野外迎新宿營活動，現在卻一樣在高雄林園露營。

不再有林園

水銀燈下，又是一個同樣的夜晚。

今天，三位縣裡選出去的立法委員也專程來我們鎮上協調。村民又是你一言、我一語，有人傳說軍隊要進駐工業區強行復工，也有人嚷著今天非得攤牌，一不做，二不休……，爭執中，村民也只有耐下性子繼續等著。

「結束了！結束了！……阮成功了！……成功了！」

一位村裡的大哥一面喊，一面從屋裡衝到守候的人群中，雙手還高舉著代表按人頭每人賠償八萬元的八根手指頭。但見所有的人都在盤算著這筆不小的收入，有的遺憾怎麼不多生幾個囝仔，有的則竊笑張三、李四無巧不巧剛剛搬去高雄市，錯失偏財運。不論如何，總是眉開眼笑的任憑疲憊不堪的工業局長悄悄重新開動污水處理機，至於這十八家石化廠商對林園環境依舊存在的威脅，卻竟然再也沒有人去提了——至少現在。

曲終人散了。幾天來，「林園七村全員大露營」似乎已經在成功的串聯抗爭下，為台灣的「經濟奇蹟」寫下了「群眾奇蹟」的外一篇章，只是我此刻心裡卻堆積氾濫了更多的矛盾。濃密的草叢中，唧唧秋蟲聲點滴出的依舊是那分兒時豐盈的美夢。我想起小時候也在同樣的草叢裡，一盞小燭火便能網滿一袋餵飽母雞的小昆蟲。至於啁啾悅耳的鳥叫聲，我也分辨得出哪隻是九月的紅尾伯勞、哪隻是十月的「國慶鳥」灰面鷲。可惜的是，在時光推移幻變下，今晚雖然依舊滿是衝撞營火燈罩的飛蛾，但過境的伯勞鳥早已連年卡在「鳥仔踏」上——成為了攤販烤架上……「當季嚴選限定」的佳餚。

濃嗆的灰煙中隱現的正是一隻隻頭大身小的候鳥屍體——目睹這一幕，想想伯勞一時誤絆「鳥仔踏」枝頭陷阱的掙扎，境遇不正像村民現在正急欲擺脫石化污染的煎熬嗎？只不過，痛恨石化工廠破壞環境生態的鄉民，是否也當過破壞候鳥生態的另一個輪迴的起點呢？小自一隻紅尾伯勞被戕害，大至林園居民環境的遭污染，兩者放在生態保育的萬古天秤上，或許都是一致的。

搭上回台北的夜行火車，我揮別了洋洋得意的父母和村民，也揮別了悲劇的伯勞與悲劇的林園。望著窗外深邃的夜，漆黑似乎遮蓋了一切的美好，也掩飾了一切的醜惡。我心裡知曉，沿著縱貫路北上奔馳而過的，正是一個個串連起台灣「經濟奇蹟」的重鎮。如果台灣的經濟和環保繼續無法兼顧，就像我所學的政治理論與實務依然不能縮短距離；也像心中生硬的課堂理論怎麼都無法去解釋群眾現實的行為模式——為何原本的激烈抗爭，卻在拿到賠償金錢之後，立刻偃旗息鼓可以縱容污染共存的溫順表態？那麼，其所隱藏在鄉里背後的污濁、滾沸與困惑，便隨時可能像骨牌一樣，在台灣由南到北的城鎮都將產生永無止盡的連鎖效應。

長途車上的睡夢中，我仍明白自己家鄉的林園將不再有花木扶疏的茂林芳園，但是，至少或可奢侈希望：這一切將不再是現代工業社會永恒的夢魘。

基隆河殤
——台灣工業文明最深沉的長歎

台灣基隆河九十九道彎。
九十九道彎上，
九十九家工廠。
九十九家工廠旁，
九十九個養豬戶。
九十九道彎上，
九十九隻豬公，
漂在污水塘。

尋覓夢的靈光

一九七九年十月十四日，吸引成群大學生的基隆河探源隊傳來喜訊：臺大登山社的同學們在基隆猴洞以上發現一連串的瀑布群，而最值得興奮的是，不但景致秀麗，水質更是清澈的毫無污染。校園一時議論紛紛。

那是我考進臺大的第一個假期，也是我參加臺大登山社的第一次活動。怯生生的新鮮人，靦腆地投入這樣一個頗具危險性、又極端陌生的環境；不少同學當時都在笑我們：何不去參加系學會辦的迎新舞會？當然，他們永遠無法把水源區的那份潔淨和中下游的污濁聯繫起來。可是出生在台北的我忘不了。

當目睹漂流在基隆河上那些垃圾廢水的時候，我們該稱道它們是工商經濟突飛猛進下的代價表徵？還是批評它們是斷送台灣生態環境的致命殺手呢？無論怎樣，它們畢竟淤塞在蜿蜒於台北市區的母親河上，經濟奇蹟的表徵也好、環境保護的殺手也罷，悲壯和悲劇的感受仍都是巨大的。當青天白日升起的時候，台北市區裡總是充滿朝氣蓬勃的景象，台灣人民的勤奮刻苦，四十年來的確實靠著胼手胝足的努力得到了今天舉世稱譽的成就。這不也是炎黃子孫的驕傲呵。

可是連台灣人自己都快忘記了，我們的自然生態、居住環境呢？——似乎早就成了工業升級、經濟發展下的犧牲品——生態環境在經濟起飛中，被炸得粉碎。時至今日，當國民平均所得不斷提高、外匯存底超過七百億美元的同時，我們何嘗不也成了一個在環境上再也輸不起的社會。基隆河正像一條徜徉在台北盆地上的巨龍，早年它和淡水河共同塑造了古老的台北文化圈，而今日它則流經了台北最繁榮的市區；只是台灣現代文明卻殘酷改變了它的命運。雖然，細想一下，受冷落的恐怕不止基隆河一條。它從台北縣平溪鄉石底之西的山巒間發源，上游以東北東的流向，繞到基隆匯聚了暖暖溪和大武崙溪，八堵以下又涵納了瑪陵坑溪、友蚋溪等支流，湍急的水勢雄渾地切割了台北盆地東南方的丘陵，讓內湖、南港遙遙相對，好不威風。只是從汐止一直到出海口關渡附近的二十九多公里間，橫貫全省首府的巨龍卻在各種污染的威脅下；曾經在一九七〇到八〇年代一度成為最骯髒最污穢的一條大河……到底是一種什麼力量如此捉弄它呢？

這條在上游並不暴戾任性的基隆河，中下游竟成了最寬容惡勢力、藏污納垢的「黑龍江」；一切的生命動力也都在它無法扼止的悲劇命運中譜上了休止符。從平埔族原住民依存的活水泉源到西班牙人、荷蘭人據嵎頑抗的要塞據點，今日的基隆河既不存在漳州先民的足跡，也不復見泉州商旅的風帆，它只是緩緩無力的流著——流在一個令人嫌惡又遺忘的角落。其實每一個現代工業社會都會遇到這種環境保護和經濟發展衝突的矛盾，或許這正是一味追求進步繁榮的情感上，總會出現的一個盲點誤區。只是，自從台灣躋升「東亞四小龍」以來，總有人不自覺地在用經濟的成長和偉大，來掩飾現代環境和心靈上的貧窮落後。遺憾的是，每年經濟成長率的數字，並不能使我們得到真正的慰藉。

台灣的人民啊！基隆河能給予我們的，早就給了我們的祖先。然而現代文明固然由我們自己創造，清澈的溪流卻在同時不能再孕育出嶄新的生命——這，卻是我們留給子孫的。生活環境的污染已經像淤積在基隆河道裡面的垃圾一樣，也積淀在我們台灣人民的血管裡。它需要一場大洪峯的沖刷。

當一九八八年海峽對岸的黃河文化正激烈渴求著工業文明的同時，基隆河畔出現的台灣經濟奇蹟卻面臨一場空前的大洪峯。它就是人人責無旁貸的環境保護，它在召喚我們。

命運的新紀元

一九八七年四月十一日，當時的台北市長許水德搭船檢視了基隆河污染的嚴重情形。自從大台北都會區形成以來，這是地方首長第一次正式同污水照面。一年半後，我再度溯溪到當年大學時代探源的舊地，卻發現那是我生平二十多年來為生態環境第一次真正的感傷。面對崎嶇的山路，邁出這一步步依舊是那麼艱難，但是，更令我痛心的是位在基隆河上游的二十一個瀑布群也逐漸遭遇各種污染源的侵入。

從距離三貂嶺火車站不遠的土地公潭及雙鳳谷瀑布，至大華火車站附近的翠谷雙瀑與新寮瀑布，都不難看到遊客任意棄置的保特瓶和野餐盒處處皆是。至於素有「台灣尼加拉瀑布」之稱的十分瀑布，儘管平台沖瀉下的壯闊水濂依舊，但是到處擁擠的遊客，雜陳的攤販與喧鬧的擴音機，妝點的卻是礦採枯竭後，益加混濁的飛瀑。這股不可抗拒的污染潮流，就在此刻把整條基隆河推進了無法挽救的深淵之中，也使得它的問題，比其他河流都要複雜得多、艱難得多。

想想我們的老祖宗在文章詩賦中與大自然平和相處的那分氣度和意境；現代的我們，別說不再那般虔誠，連最起碼的尊重亦蕩然無存。只是，今天又有多少台灣人能清醒的認識到自己創造了財富，也破壞了環境呢？

當我心頭想著：讓首批來訪的五名大陸留美學生驚訝和羨慕的台灣工業文明時，下行的快艇卻在黑濁水面上劃開一道綿長的水紋，傳來令人窒息的惡臭。傾圮的內湖垃圾山不過是冰山的一角，誰也不敢想像沉疴多年的一個爛攤子，下面又有多少劇毒的地下水正外滲到容氧量已經是零的河川中。南湖大橋、長壽橋、成功橋、成美橋、大直橋、中山橋、承德橋、百齡橋……這一座座南來北往的要道，過去是「小橋流水人家」的典型寫照，現在卻成了令「斷腸人在天涯」的惡水大橋。

撫今追昔，這是工業文明的必然命運呢？還是台灣又創下了另一項「奇蹟」？總算，污濁的死水還是有它的價值：那或是我們為子孫留下了一條「現代天塹」的鴻溝，沒有人會想乘船，更沒有人再敢游泳，無法超越之下，橋梁的意義與價值自然是加倍凸顯的。

每個月黑風高的夜晚，我總愛驅車駛上陽明山仰德大道的山徑，在稀疏的星光下，靜靜遠眺這片伴我成長的錦繡家園。遙遙望去，沿著高架橋旁鑲嵌的燈海霓虹，似乎不言而喻的代表了強大、進取和光榮，但是掩飾在光芒下的濁黑河流却正諷刺的隱忍著最無以復加的污穢、落後與無能。此刻的基隆河彷佛是一個千年的流放者，躺在這片文明的荒漠中，淤塞成一個沒有答案的沈思。

一九一九年民國八年「五四運動」的口號：「德先生」（民主）、「賽先生」（科學）——這股落後貧窮中期盼民主科學降臨的殷切呼聲，一九八九年的今天隱約間還正由海峽對岸傳來，不論在對岸三十多年來曾大規模「割資本主義尾巴」下，是否仍舊刻意忽視今日台灣勃興的真正意義，也曾大力尊奉中華傳統儒家文化的台灣，畢竟昂首闊步地開創了對岸至今仍以為只有古希臘海洋文明才能形成的民主自由機制。

或許藉台灣的例子，我們的確值得慶幸：中華文化的傳統並不會萎縮我們華夏民族的生命力和創造力，大陸人民的素質也並未命定的必然充滿依賴思想和聽天由命的觀念。然而，台灣的例子似乎也暗示了大陸未來四十年後另一個命運新紀元的警惕——當一個貧窮落後的社會朝向工商業發展時，政府和民間都傾向於情願暫時放棄環境生態的保育，以追求財富利潤，最後甚至用環境來換取財富也在所不惜。這種階段重點的轉變，現在俱為海峽兩岸面臨的抉擇關鍵：一個要民主科學「德先生（Democracy）」、「賽先生（Science）」，一個回頭要環保生態「尹先生（Environment）」、「易先生（Ecology）」。其實，雙方誰也不能失去此刻命運賜予的任何一次機會了。一個古老社會因為過於爛熟的農業文明而顯得步履維艱，一個現代社會也會因為過於爛熟的工業文明同樣積重難返。

今天，我們已經變得聰明多了。如果說，過去台灣曾經甘心過著放棄環境的宿命，那麼今後我們再也不會任憑忽視了。我們已經看到，基隆河迂迴百里，最終還是流入大海。我們只怕有一天大海會拒絕再邀請這條黑臭河流的注入了！

蔚藍色的憂患

大自然在人類面前忽然變得陌生起來！

從任意傾倒的垃圾到建材廢土，從席捲中游的豬隻糞尿到持續多年的下游工業廢水，基隆河彷彿在發瘧疾打擺子似地冷熱顫抖，我們竟然也像倒退了一萬年似的束手無策。「環境生態污染」，這個大家愈來愈熟悉的名詞，像幽靈一樣在台灣徘徊。

工業文明在自然生態面前，竟也變得光怪陸離，越來越難以駕馭。

沿著基隆河的台北市區，車水馬龍的街道交織了一個典型的現代工業社會；資本主義轉動著工業革命和自由貿易這兩個輪子繼續著偉大的飛躍，也繼續著科學與民主的雙重歷史大合唱。

這一切，都與工商經濟息息相關。

然而，環境與經濟，這兩個人類文明借以依託的基礎為什麼會彼此矛盾得充滿著憂患？這分蔚藍色海洋文明肇興之後的憂患，難道是一種必然的聯繫嗎？

基隆河沿岸六十個排水口的重重污染是台北人的瘡疤；高屏溪重金屬污染，劇毒的綠牡蠣成籮成筐令養殖業血本無歸；台南灣裡酸洗廢五金，令二仁溪一夕清澈變污濁。此外，宜蘭河垃圾污染臭氣沖天，石門水庫上游養鴨污染水源、新竹茄冬溪水污染居民陳情……三十六萬平方公里的小台灣，二十一條主要河流中，已經至少有十七條河流遭受污染。

這一顆顆定時炸彈，才真像高懸在台灣人民頭上的一柄達摩克利斯之劍，人人都知道不論是陳情抗議或是集體病變，它隨時會落下來！

基隆河並不是一條如黃河般難以捉摸的怪河，但不待夏天狂颱，冬天季風的豪雨氾濫，這條以往的母親河便始終是「台北的憂患」。是生活在這片土地上的我們讓她清水變成了濁浪，靜靜的流淌變成疾病蚊蚋的淵藪——我們才是肆虐大自然的暴君。

歷史在古老的磨道裡碾得那樣緩慢、沈重。基隆河也一如黃河在淤積中淌得那麼緩慢、沈重，只是黃河淌得是泥沙，基隆河淌的是垃圾。

垃圾還會再增加嗎？

污染還會再繼續嗎？

我們不必問基隆河，也不必問歷史，而該問的是我們自己。

當我們隨手向河裡亂丟一包垃圾，河床上就多一道傷口，當我們使用合成洗潔劑或是沒有妥善處理用完的電池，河裡可能就多出了一分我們貢獻的化學毒性物質。賺錢的技巧、進取的人格，台灣在中華文化歷史上無出其右；然生活的情趣、關懷的胸襟，台灣卻是人文精神歷史上相對貧乏的。

對比於大陸十年的「文革」動亂，海峽此岸的台灣四十年來的安定繁榮早已繫了中華文明的「新因素幼苗」。唯一不得不正視的是：面對一條條像基隆河般的溪流正不斷為台灣工業文明付出無止境的代價；古老而熟悉的那種「周期性毀滅」是否會在未來反撲地藉環境污染而夭折我們的經濟？

杜邦一億六千萬元在彰化鹿港設廠爭議的怒吼才餘音繞梁；台塑的六輕興建計畫便接連在宜蘭利澤和桃園觀音碰壁，最後在雲林麥寮落腳；至於，南部汕尾五村、中芸四村的林園漁村大軍，更讓十八家代表台灣石化工業命脈的工廠被迫停業……。如此環境和經濟問題的糾結，有時真的只會反映出對社會驚人的破壞力和殘酷性。巨人的經濟發展變成了巨大的環境污染，巨大的工商優越感變成了巨大的生態負罪感，這不能不說是台灣現代文明進程中的一個巨大心理障礙。

對大陸來說，許多事情，的確必須從「五四」追求的民主精神和科學精神重新開始，更貼切的說來，則是從戰後台灣的發展軌跡開始去觸探那個邁向「亞洲四小龍」的挑戰。基於台灣的經驗，對岸文革破壞儒家倫理、傳統文化實乃不必，真正要破壞的是政治鬥爭的思想制度。而進一步，儘早兼顧民眾心態和環境生態的兩大態勢方向，才能造就經濟發展上真正的偉大。

畢竟，每一條長途奔馳的河流，最後都將面對透明而蔚藍的大海，沉積的是暗黃的泥沙固然興歎，但沉積的是臭黑的金礦又情何以堪！

生命之水來自大海，流歸大海。

千年孤獨之後的基隆河，期許終將用透明的蔚藍還諸蔚藍色海。

我曉得——

台灣基隆河九十九道彎。
九十九道彎上，
九十九家工廠。
九十九家工廠旁，
九十九個養豬戶。
九十九道彎上，
九十九隻豬公，
漂在污水塘。

地底下的哭聲
——無語悲涼的雛妓淚痕

死結

在過去艱苦的歲月裡，台灣歷經外國割據與戰亂流離，而當一九四九年遷台四十年來的辛勤建設後，也許一九八八年的寶島終於可以自豪地炫耀財富金錢，但在我們的社會裡，浪費奢靡卻已經蔚為一種普遍的風氣——這股歪風正是我們安和樂利、富庶繁榮的社會最大的悲哀。

當有錢的人恣意享樂揮霍，而沒有錢又渴望享樂的人怎麼辦呢？令人汗顏、羞愧與恐懼的社會問題便一個接著一個的來了！有人為了滿足自我享樂，不惜出賣自己的靈魂肉體，在眾目睽睽之下賤賣自尊；有人則不惜訴諸暴力以摧殘毀滅別人的生命，作為滿足財色慾望的途徑；當然更有人像吸血鬼一般結合強權暴力，無所不用其極去壓榨弱勢無辜的心靈。於是「牛肉場」色情表演爭先推出，「馬殺雞」按摩理容院紛紛林立，「士林之狼」、「計程車之狼」劫財劫色四處犯案，最後甚至泯滅人性的販賣拐騙未成年少女逼良為娼的慘劇都竟然應運而生，方興未艾。

其中最令人痛心疾首的就是雛妓問題。儘管警方的「正風專案」大力救援，但是不到兩年間，百分之九十以上被救的未成年女孩却又被迫淪回火坑，這在我們一九八〇年代如此進步富庶的社會裡，竟然曾經是一個台灣多年來解不開的死結。

當我在新聞採訪到學術研究，極為偶然的機會下與這些未成年的不幸少女相對而坐，傾聽她們的遭遇……，她們的堅強與脆弱反射的不過是我們社會上的無能與忽略。彼此心靈匆匆映照的一刻，我才發現無語的沉默竟是我唯一能帶給她們的安慰。

賣身

踏進一九八八年台北市煙毒勒戒所的病房，幽暗的角落裡蜷屈了一名雙眉緊蹙的年輕女孩；昏沈的日光燈微微地映上她蒼白的面龐，清秀的輪廓在窗外一片漆黑的夜色下益顯凄涼。

經由社工的引導下，我遠遠地蹲在她的跟前，用淡淡的微笑投向她那狐疑又恐懼的目光，我順手遞過為她帶來的禮物——蜜餞與糖果，社工人員私下告訴過我，這是她除了「嗑藥」吸毒以外最愛吃的東西。的確，除了多年不可自拔的吸食迷幻藥增添了她臉上深沉的滄桑之外，剛滿十八歲的她依舊像其他活潑可愛的小女孩一樣，熟悉地撕開密實的包裝，大口大口舔吮著食指、中指、拇指吃起零嘴……。我們這才不覺相對會心一笑。

「我家鄉在花蓮縣秀林鄉，念佳民國小六年級的時候，就被賣到台北華西街私娼寮……」

她一面盯著手上的蜜餞，一面低聲回答著我的問題。對於十一歲就被母親以四十萬元新台幣賣給私娼館當雛妓的她來說，不過才短短的人生路竟是一步步走得如此坎坷。她的家鄉是風光明媚的山地村落，但是她的遭遇卻黑暗齷齪的千瘡百孔。說起來因她父親車禍喪生，母親光是做臨時工當然無法負擔起五個弟妹們的生活，然而才國中畢業就離鄉背井過著非人的生活，甚至備受凌虐，實在教人心疼！

從她逐漸激動的話語中，我的思緒也飛到了一個個偏僻貧窮的鄉野農村、一個個道路崎嶇的山地部落。每年就在那裡，泯滅人性的人口販子及無知又貪財的家長們，不斷狠心的把幾百名荳蔻年華的未成年少女，和她一樣被無情的推入火坑，為的只是換來花花綠綠的鈔票。

接客

「地方角頭人口販子『綁查某』會簽下賣身契，當然也有自願的。但是為了錢被父母或養父母強迫去做這行的姊妹更多……。我永遠忘不掉自己在保鏢面前顫抖地簽下借據的情形……」

或是毒癮的作用，或是心頭那一份更疼痛的傷口在隱隱作痛，她說著說著嘴角也在顫抖中抽搐起來，晶瑩的淚珠堆滿長長的睫毛，霎時滾落了滿臉。對於小小年紀的她來說，實在不能理解大人們在金錢交易中，她簽下的是每月償還的欠款借據，而交出的則是自己的身份證和所有的青春美麗。

這一切的不幸從被孤伶伶的帶走和限制行動自由開始，她終於必須一夕成熟，赤裸裸面對這個醜陋而殘酷的世界。毆打虐待早已是司空見慣的事，在她的眼中幾乎沒有一個年齡相仿的姊妹未曾被挨餓、毒打或抽過皮帶的。她伸出纖細的左手臂，上面盡是被龜奴、打手用香菸燙焦的傷痕，而這些對待在不見天日的私娼寮裡，却僅是老鴇們最「客氣」的懲罰罷了！

在鐵欄桿重重包圍的低矮房舍中，她的青春就這麼被蹂躪於昏天黑地的生張熟魏；她被迫奉獻出自己心靈與肉體的一切，而換來的却是更遙遙無期的痛苦。娼館屢次為了避風頭，總會毫不留情的又把她們層層的轉賣各處，賣淫的價碼也由初次的三萬元，跌到後來的三百元。唯一不變的是，保鏢的凶狠與老鴇的剝削。

逃亡

「最狠的是，黑心的老鴇為了賺更多的錢，不讓我們休息，有時候「旺季」像過農曆年時，還逼我們打「狄波」針不讓月經來，以便不斷、不斷的「接客」……。可是有的人陰道出血，有的人提早停經或停止發育也沒人管……。」

說到這裡，她的眼中充滿了憤怒，但是隨之而起的無奈與退縮，却又似乎正矛盾地折騰這麼一位柔弱的女孩。畢竟經不起皮肉生涯的苦澀，她也曾鼓足了最大的勇氣，堅強的用跳樓、丟紙條……等等不同的方式，試圖偷偷逃跑。只是人生地不熟，加上私娼寮裡裡外外流氓混混各有來頭，早就像銅牆鐵網般層層聯手，窒息封鎖住一切的生路。更何況，只要逃走被抓回來的女孩，更會受到被吊著打，遭木棍劈等種種無所不用其極的非人道處分，即使有時老鴇為了殺雞儆猴而將少女凌辱至死也在所不惜。

如此慘絕人寰的天地，竟然就是她接觸了自己懂事成熟後的第一個社群。社會的溫暖在哪裡、人性的尊嚴又在哪裡呢？身居模糊是非曲直的逆境淵藪裡，她攀爬向一個又一個未知的黑暗，那些兒時天真的夢想只不過在絕望中驅策自己，墮入更加不可自拔的無底洞穴。漸漸地，迷幻藥和毒品成為她麻醉自己唯一的途徑，儘管她可以在夢幻中暫時麻痹自己，但如同其他姊妹淘一樣，私娼寮在她們即使多年重獲自由身之後，又在禁藥毒品的控制下，使她們永遠萬劫不復。

這樣悲慘的墮落，從她們堅強到失望又是幾番對環境的無力與無奈呢？明顯的事實歷歷在目：當被救出去的姊妹從政府婦職所輔導出來，惡毒的「主頭」照樣可以雇流氓當場在門口截回來重操舊業；即使雛妓被警察救去，在當前法令的疏漏下，「主頭」也照樣能用欠條逼出少女的父母去警局說明，然後再於自行帶回家管教時，少女等於又重新被抓回，繼續淪落風塵。

身心的摧殘讓她走上了一段又一段的不歸路，今天她所熟知的世界與謀生的方式選項都是唯一的污穢。每當熱心的婦女團體集會示威，抗議非人道的雛妓現象時，她還是只能在緊密封鎖的鐵窗內，一牆之隔的暗自飲泣——最悲傷的是她已經在絕望中喪失了逃生與重生的勇氣。

無語

「山上的孩子，山上的孩子，不要在華西街，
趕快逃出來，趕快逃出來……。」

一九八七年一月九日，台灣婦女救援協會發起的抗議雛妓大遊行中，在台北街頭迴盪嘹亮的歌聲猶然耳際，可見我們的社會還是有一份溫暖的力量。然而，前年三月警方展開的「正風專案」，儘管不到兩年間拯救出八百多名的雛妓，但是在援救與安全措施的有欠周詳下，根據統計，卻有百分之九十以上的不幸少女又被迫重入火坑賣淫。這不但顯示了法令的修訂勢在必行，也意味著光靠「彩虹之家」、「勵馨園」、「基督教長老會」、「婦女救援基金會」等團體的努力推動自然是不夠的。如果父母有良知、主頭有良心、嫖客有良德，不再殘害青少女淪落風塵，像她這樣的悲劇就不會再反覆發生。

她的故事一幕幕閃現在我的心頭，那是一個對我來說多麼陌生的世界啊！我實在無法說服自己去相信：七年前，當她十一歲才小學畢業的年紀，也是我考上臺大

追求人生理想的同時，她却正和另一群不幸的女孩在被「以人當貨」的販賣下，煎熬著身心最殘酷的悲劇，只是她們的聲音竟然一直淹沒在這個社會地底下，一個聽不見悲鳴哭泣的角落！儘管任何一個社會自然不免有其黑暗污穢的一面，但是這些活生生的不幸事件，對我們「經濟奇蹟」下的繁榮富庶，又是何其的諷刺呢？

面對她和那一大群已經、正在或是即將遭受同般不幸折磨的年輕女孩，我竟然整夜無語以對——雖然在錯亂的時空中，我和她面對著不同的際遇，但是此刻，我卻能在自己的內心深處，聽到她們淒涼的吶喊正清晰地迴旋震撼著。她的堅強，她的脆弱，她的不幸，她的墮落，這一瞬間是多麼深刻地鏤刻在我們現代人善忘的心靈中；只是，當踏出這個陌生而遙遠的世界，她們必須獨自面對殘酷時，又會有多少人牢記這一刻的感動，願意向她們伸出援手，不再讓雛妓的不幸遭遇，摧毀她們人生的全部、積累我們社會的遺憾⋯⋯。

我腦海中泛起《聖經》約伯記十四章裡的詞句：

樹在被砍下，還可指望發芽，嫩枝生長不息。其根雖然衰老在地裡，幹也死在土中，及至得了水氣，還要發芽，又長枝條，像新栽的樹一樣。

——約伯記十四章七至九節

「像新栽的樹一樣？」

我望著夜空的星星，它們一顆顆繫在漆黑的天幕上，我分不清在那一個個遙遠的角落裡，它們到底是在輕聲低吟，還是在偷偷哭泣？這個夜幽渺淒清的沒有一點聲響，跟我說不出一句言語一樣，剩下的只有我心底反覆吟詠的旋律了……。

在這無語的夜 我輕輕看著妳的眼
在妳眼中　深藏多少
往事都化做傷悲　往事傷悲　往事傷悲

在這寒冷的夜　妳悄悄流下傷心淚
在妳臉上　年輕歲月　早已失落的感覺
失落的感覺　失落的感覺

今夜的月色還是一樣的美
妳我的心情在此刻重疊
妳的心事只有星星了解

未來的歲月　別教星星流淚
啊　無語的夜　星星別流淚
啊　無語的夜　星星別流淚
妳的笑容　妳的溫柔　妳的眼神　妳的聲音
我的沉默　妳的堅強　妳的脆弱
當離去時　妳是妳　我是我
當離去時　妳是妳　我是我
妳是妳　我是我……

牛肉！牛肉！我愛你？
——台式風月「牛肉場」巡禮

溜進慾望城國

低著頭透過小小的售票窗口，他塞進了兩張皺褶的紅綠鈔票，售票小姐便頭也不抬地邊找錢、邊遞出一張沒有座號的半截紙片。

緊緊握住這張代表了幻想刺激的門票，他不禁兀自轉動著靈動的雙眸，掃向那片肉慾橫陳的廣告櫥窗——全開的大海報上，紅亮的字眼句句像是用那羽毛寫在腳心的詩句，而狂放裸露的美女照片更像是焚燒在心頭的辛辣野火。

他吞嚥了一嘴的口水。

推推鼻梁上的眼鏡，為的是一方面更清晰的看到周遭新奇的人事物，當然也巧妙地掩飾自己過於專注而引人側目的羞赧。調整左肩上掛著的軍綠洽公袋，即使穿著偷換好的便服，腦袋上頂的三分平頭仍然令他頗不自在；總覺得每個人都一眼就可以認出：他是藉外出公幹卻跑來桃園中壢戲院，生平第一次偷看「牛肉場」脫衣秀的阿兵哥。心裡想——她們敢演，就是要大大方方給人家看的，我當然敢看！

跟著稀稀疏疏的人群往劇場裡走，每個觀眾不都是自自在在、一副若無其事的表情。在大都會的市區中，牛肉場這種煽情歌舞原本就是個檯面下公開的秘密，但為何唯獨首次嚐鮮體驗的他，卻如此畏首畏尾？真不知道是其他人早已習慣於另一種新的禮義廉恥標準，還是自己太過迂腐拘束……？儘管仍舊無法泰然自若，但是漸漸地當他穿梭於人群時，心中的道德負荷倒是著實減輕了不少。此刻的他只希望趕緊找個黑暗的角落坐下，沈浸一段屬於自己放蕩不羈的視覺感官刺激享受。

銷魂夢幻樂園

等待開場。

紛亂嘈雜的零碎腳步聲、拉椅聲、談笑聲，正低緩交響地律動著。一縷縷迷濛的香煙從分散的座位上冉冉升起，飄呀飄呀凝聚消失在俗麗的天花板上，彷彿引領著觀眾浪子忐忑的思緒，也正倘徉在舒坦撩人的夢幻裡，脫韁野馬似的準備好展開放縱情慾的馳騁，狂放衝撞到胸懷中每一寸蕩氣迴腸的遐想空間。

「各位來賓、各位好朋友，今天節目內容有夠精彩好看，絕對給你 Song Y.Y. 爽歪歪……」

低沈性感而略帶沙啞的女主持人聲音打斷了他紛亂的思緒。一時間只見小小的舞台在漸漸調暗的觀眾席前，盡情投射滾輾著不規則的七彩光束，令人眼花撩亂。光彩錯亂間，一個年紀大約只有十七、八歲的年輕女孩，蹬著黑色高跟鞋順著音樂妖嬈地跳上舞台，稀落的掌聲也從觀眾席裡零散傳開。

鮮紅亮片的低胸旗袍穿在這名小舞孃的身上總顯得有些不搭調，她稚氣的臉龐下應該配的似乎是白衣黑裙的學生服，而不是這套展現成熟嫵媚的窄窄衣衫。此刻坐在前排角落的他，也調整著自己的坐姿，把短短的平頭擱在軟弧的椅背上，就像不遠處鄰座的中年男子一樣：岔開雙腳，任憑橫架在右膝上的左腿自在而慵懶地抖動著。一切社會的道德規範與軍中的紀律倫常，且暫時抖落拋却。

仰視那一張刻意濃妝艷抹的臉龐，童稚的天真還不時悄悄閃現，而嫣紅似血的雙唇中，傳出的則全是做作又夾雜著淒涼的歌聲。其實現在誰在聽歌呢？數十雙眼睛盯著瞧，等待的不過是女子輕解羅衫，隨音樂狂野熱舞的那一刻。

情迷桃色漩渦

梅蘭！「夢蘭」！我愛你！
你像蘭花著人迷，你像梅花的年年綠，看到了「夢蘭」就想到你……

愛在旋轉，在旋轉，我在愛的漩渦裡「打圈圈」……

刺耳的歌聲在飛快的節奏中響起，女郎的服裝也迅速地更換為一席襯著羽毛的粉紅罩紗。觀眾的心開始沸騰了，每雙眼睛睜得像銅鈴般大，不經意前傾的身軀裡燃燒著一團團熊熊的火焰。轉！轉！轉呀轉！薄如蟬翼的短衫旋轉在半遮半掩的剎那間，鮮嫩欲滴的白膚雪肌就如此迴旋在血脈賁張、無法言喻的人生舞台上，恣意爆裂著清一色男觀眾們，一顆顆慾火焚身的心緒。

淋漓的汗水從女郎擺動的香肩滑落，紛亂交錯於半身裸露的肌膚上；褪到雙肘與腰際的薄衫則一面不停浸漬著香汗的濕濡，一面也若隱若現著她最後的桃花秘境……。

舞孃的歌聲喘息著，所有的觀眾也在放浪中喘息著，整個廳堂都在喧鬧中喘息著，我們安逸社會的一角更在情色沈疴中喘息著。坐在走道的他悄悄把頭轉向身後的觀眾們，但見老老少少的面孔個個流露出亢奮張嘴的專注；而台上的女郎呢？或只是藉濃妝艷服掩飾著內心的空洞與滄桑。

這一幕所交織的情景，在暫時新奇填補看倌情慾感官的刺激之後，到底在人們依然空虛的心裡，還能剩下些什麼呢？可能再過了三個月、一年，這裡從台上到台下，都會全部更新洗牌汰換成另一批更年輕好奇的面孔！

他不禁深深迷惑了。自己到時候又會在哪裡呢？

無底慾望淵藪

富裕的社會必須時時滿足人們不同的需要，而道德倫常和法律規章却往往抵擋不住人們對慾望無止境的依賴與追求。正如同警察的突襲臨檢和設哨站崗，不僅對於這些牛肉場起不了遏阻的作用；對於那些充斥於大街小巷住宅區更多的馬殺雞理髮廳、色情賓館、風月按摩院……又何嘗不是亦復如此。

問題的根源或許還是在於無止慾求的現代人心中吧！畢竟，一個個艷麗巧妝的女郎陸續登場，市場有需求就有人提供，既然只是表面嚴禁卻無法納入法制規範，就變成了我們社會這種表面仁義道德、民風敦厚純樸卻全部都是虛偽的假象。尤其像這樣黯黑污穢操作的背底裡，不相信少數包庇的警察害群之馬會不知道，至少給予了警民縱容姑息「各取所需」的共業機會罷了。至於，台下的觀眾填不滿的還是人們心中那一分過度膨脹無底的慾念淵藪；台上的女郎一張張甜美的笑容，則只是在內耗揮霍著自己清澈的青春靈魂。

闔上雙眼，他靜靜在座位上等著終場散去的人群，腦海中浮現的盡是方才一幕又一幕反覆的歌聲舞影。穿過一排排空盪的座位，汽水罐、檳榔汁令原本就不甚乾淨的小歌廳更形雜亂。

回首這一片沸騰後的冷卻，走回部隊漆黑陰冷的小路上，自己心裡最清楚……除了空虛，還留下什麼呢？

「狼」來了！——「台北之狼」輓歌

台北之狼

同樣是嫌犯一雙游移不定的眸子，然而張正義眼中流轉的是巧詐的慧黠，禹建忠眼中沈澱的却是荒唐的憂鬱。

我依舊照例抄寫著值班員警密密麻麻的初供筆錄，對於辛勞多時的幹員來說，眼前的嫌犯就像薄薄白紙所記載的：張正義，一年來利用無照計程車連續強盜姦殺女乘客的「計程車之狼」。禹建忠，五個月來專門以木棍襲擊單身婦女搶劫財物的「士林之狼」。

這兩「匹」曾令大台北都會區的婦女聞之色變的「台北之狼」，巧合於一週內先後落網到案。兩個不同的地點，目睹兩個破案偵訊的現場，耳際參雜的同樣是警局慶賀的鞭炮聲、家屬對嫌犯的咒罵聲、員警功不唐捐的笑語聲；而對比的也同樣是兩個即將接受法律制裁的罪有應得。

我在人群的角落裡試著組織自己採訪報導初步雜亂的思緒，從那兩雙年輕面龐上爍閃的眼眸開始探索。似乎任誰也無法想像：他們不同的眼神中，竟然同樣在受害人的面前暴烈過令人髮指的凶狠；在他們無聲無息的世界裡，也同樣一次次地踏出錯誤的步履，為自己的青春歲月，亦為一個個婦女原本和樂的生命譜下最無情的休止。

物慾享樂

「我殺了你！」

「為什麼要這樣對我阿母？」

受害人家屬再也控制不了憤慨的情緒，在員警三三兩兩的扶持下涕泗縱橫地怒罵著罪無可赦的嫌犯。剎那間，堅強與脆弱就如此毫無隱飾地在家屬斥責與淚水中糾結著，交織的也是一個警局賀客盈門、額手稱慶卻又應當積極為未來嚴肅檢討防杜的時刻。身處兩個同般矛盾的時空，我的意念出奇貫穿著眼前的景物，或許正因兩名凶嫌都曾為我們的社會引致最為沉痛的威脅，也反映出現代台灣社會一個真實又無法忽視的潛在危機。

「你為什麼要用棍子襲擊婦人？」警問。

「我喜歡跳舞、看電影和交朋友，開銷很大，但由於沒有金錢來源，因此從明德管訓班結訓後便在士林地區搶錢。通常我是走路犯案，搶劫後再搭計程車逃走。」

「士林之狼」禹建忠和員警的一番話，不禁令一旁的我若有所悟，想想不過幾天前，就在另一個差不多擺設的辦公室裡，也曾聽到「計程車之狼」張正義有一段類似的回答：

「我喜歡喝酒玩樂，但是付不起計程車租而犯下第一件案子。看到女乘客長得不錯才動慾念，為了怕被抓到便勒死滅口。不做，怎能過活！」

「不做，怎能過活？」這句話一直迴盪撼動在我的心底……。

二十歲的張正義、二十五歲的禹建忠，怕就怕僅僅是我們大社會裡的小縮影。他們不應該只是被樂觀看成是社會偶一脫序的特例，而實在是冰山微露的一角，以下還有更多類似恐怖罪犯的未爆彈。我細細回想著兩名嫌犯的年齡、經歷、作案動機、凶殘的手法和似無悔意的冷漠沉著，心中不覺壓力有如千斤萬兩般重。

狼跡處處

兩名正值雙十年華的青年雖然都只有受到國中、國小的學歷，也都有或多或少的不良前科，但是最主要的犯案動機却都是在貪圖享樂、揮霍金錢下，無以為繼而無所不用其極。他們下手的對象，都是我們社會上最荏弱的婦女同胞，殘暴的竟然可以為了區區千百元將別人的生命當作犧牲代價，真是何其不可思議！至於那些贓款呢？最後依然惡性循環的投入聲色犬馬、吃喝享樂的無底深淵之中，輪廻著永遠也填補不滿的慾望。

五根結實的木棍證物整齊的並列在警局大桌上，提供記者們拍照，上面各自裹著蓋有凶嫌指紋手印的白紙，旁邊則是被害人被搶奪的金飾遺物。嫌犯坦承每一根木棍都是他就地取材的作案工具，也是一個接著一個婦女魂飛魄散的致命凶器；而此刻木棍却只是默默串連出五個共同不幸的悲劇。就像張正義的皮帶和塑膠繩索曾讓六名女乘客在玷辱中橫死一般。金項鍊、金戒指、金手鐲……，對禹建忠和張正義而言，不過是典當後揮雀千金的籌碼，而對天人永隔的不幸婦女和她們的家人來說，却都有著死生不渝的意義。最令人遺憾的是，這兩匹「狼」模糊的人生目標，不會了解一座座靈堂旁悲傷欲絕的哀慟。

問訊完畢，禹建忠腳踝上緊纏著長褲管的鐐銬，清晰地襯在他步履蹣跚的背影下，鏗鏗鏘鏘地緩步走回幽暗的拘留室。此刻我心中的思緒仍依舊如來時般雜亂，腦海裡反覆翻絞的既是被害人張鄭英、陳綺鈴、邱月靜、葉素粧……一個個的名字，也是目睹這麼一個令人又可恨又可惜的青年所油然而生的慨歎。我知道在他現役軍人的身分下，速審速決唯一死刑極可能是他唯一的命運，當他一旦消失在新聞記者追逐的閃光燈前，他亦或將很快的消失在這個對他原本便不寬敞的人生舞台上。只不過，他的死儘管永遠抵償不了每一段無辜受害者的冤仇，亦何嘗扼阻得了未來同樣年齡、同樣動機，或許益加凶殘的青年歹徒，再以各種型態之「狼」出現於我們的社會，危害公眾呢！

揮霍青春

拖著疲憊的身軀，我一面整理著零亂的新聞採訪資料，一面步出台北市刑警大隊所暫設的力霸大樓，只見昏暗的月色烘托了西門鬧區五光十色的繁華市井。匆匆穿越街道，亮麗的櫥窗處處紀錄著我們所擁有的是一個何其繁榮富庶的社會，伴隨七彩的招牌正向無垠的夜空恣意的誇讚炫耀著。

途經一九九〇年代的西式速食店、MTV 聲光視聽中心、「柏青哥」小鋼珠遊樂場或是首輪電影院、溜冰場、迪斯可舞廳……，一個個喧嘩嬉鬧、熙來攘往的門庭，總可以看到三五成群的青少年逗留其間。人生對於他們來說，有課業升學的壓力、有父母師長的期許；當然，也有體驗嘗試的好奇。只是，都市裡可以舒展的空間原本就有限，當一個現代的都市青年並不就如此令人艷羨，何況侷促的時空中，太多的徬徨、太多的誘惑，常令一顆顆年輕的心靈尚未體察到人生的真諦，便沉迷於無休止的享樂裡。

走過迤長的騎樓，一張張迎面而過、映入眼簾的年輕面容，竟令我不禁想起同般年少的張正「義」和禹建「忠」。這兩匹「台北之狼」的身影在不久前也如此平凡閃現在同樣青春自在的笑語間；但現在仍然不懂他們父母所期許其之「忠」和「義」，反而成為了最大的諷刺，僅存萬夫所指的永恒怨懟。令我焦慮的是，更多更年少的青年若皆亦步亦趨地摸索著他們同樣錯誤的路。固然他們有權自由揮霍金錢、揮霍青春；然而，目標如此，一旦金錢匱乏、又無法把持自己時，是否也將揮霍別人的生命、揮霍社會的安定呢？

「害群之狼」一口氣除去了兩匹，在我們社會最黑暗的角落又還隱藏著多少匹更為可怕的「狼」呢？

專門刺擊婦女臀部的「木柵之狼」、專門姦殺女童的「景美之狼」、專門以利刃割劃婦女臉部的「敦化之狼」、專門暴露下體污辱婦女的「頂好之狼」，再到專門在公寓大樓以菜刀姦盜夜歸女子的五名「電梯之狼」——這些案子有的懸而未破，有的破而未絕。物慾橫流的社會，或為財、或為色、或為心態的失衡、或為仇憤的報復，但整體凸顯的卻是我們社會裡一樁樁藏汙納垢、罄竹難書的憂患。

「狼來了！」

我們都希望這永遠只是牧羊童子口中的誑語，但是面對奢靡浮華的社會趨向，那一匹匹耽迷於物慾享樂的年輕之「狼」，或許正是我們社會裡不能不省思檢討的嚴肅課題。

家庭親情的脈動

II

悲歡小夜曲
——彈奏一首母親教我的歌

輕輕地想起那心愛的古老歌曲
溫柔的像是母親教我的歌
甜甜的像是門前小河
天天陪著我　憂傷與寂寞

就算我身在遠方　流離他鄉
難免有心傷
我依然永遠不忘　高聲歌唱
在我未知　未知　未知的流浪

誰道時空陰陽重重阻隔
串串音符陪我悠遊穿梭世事摧折
縱有萬般甜蜜苦澀
且自在悲傷歡樂
任琴鍵曼妙輕柔譜寫短吟長歌
流洩萬古長夜獨醒璀璨星河

為你彈奏樂聲悠揚清澈
串串音符點亮霄瀚星雲繽紛顏色
縱有萬般無奈不捨
且隨我十指唱和
任琴鍵永不停歇馳出旋律列車
四季晨昏來世今生常伴君側

彈奏音符

我將右手指輕巧地按在主音階的鍵盤上，四個小節的序奏立刻排比出一列輕巧的八分音符，反覆迴響在這清冷的地下室。為了彈奏這首D小調的小夜曲，其實我早用腳把共鳴板踢到一側。小時候母親在夜裡教我練琴時，總會這般提醒，以免琴音打擾到鄰居。但是，舒伯特小夜曲真是屬於「夜」的，此刻每一個音符都像一顆星辰，行進中的四三拍旋律正以中庸速度，流洩成萬古長夜裡獨醒的星河，璀燦輝煌。

從小我常在想：眾家星辰每晚懸掛在黑漆的天際，到底都在想些什麼？難道星辰它們真成了我鍵盤上的音符？不必想什麼，只需要像現在襯著左手八度音串成的落花流水，流過琴鍵，然後重重奔擊在四周的牆壁上，斑剝出一種帶著心疼，卻無法名狀的美。我小心翼翼地彈，就像是個初按琴鍵的孩子。儘管這首曲子在「歌曲之王」舒伯特短短一生的創作中，是如此不起眼；儘管主題開啟後，分解合弦配上技藝點的呈現，對幼時的我確實困難了些。三歲開始學習鋼琴，二十年來，同樣的旋律一直迴旋在這經常被黑夜淹沒的地下室。過去母親癱瘓前大多是母親的手在彈，現在則換上了我這雙曾被她指定受罰，自己用細鉛筆鞭過指背的手。

慘白的樂譜映入眼簾，濃黑有力的音符把它連結成四分音符為一拍，六個八分音符為三拍的工整格局。在熟悉的旋律中想起兒時的情景、兒時的母親，我終於發現：奇幻的音符不僅會連結紙上樂譜線條的「空間」，也會連結一段又一段快遭我們記憶遺忘的「時間」。

現在的母親正癱瘓地躺在一張無法動彈的床上，既像長夜，也像星辰。

我被音符推擁著繼續揮灑一組又一組旋律，舒伯特這首少有裝飾音的曲調充滿了質樸的靈秀。母親呢？她只是用兩隻星光如炬的眼睛，遙不可及又無所不在地透過黑夜注視著我。誰讓多年的臥病殘疾把她隔離在地下室上端的臥房裡，而她卻依舊可以從樓上清晰聽辨我每回演奏裡絲毫失誤的音符。對我、對她——都既是一種夜鶯啼鳴的喜悅，也是一種反覆輪迴的折磨煎熬。

「怎麼又心不在焉呢？這樣下去的話將來鋼琴怎麼學得好？」

母親沒有聽別人「易子而教」的忠告，也因為家庭經濟拮据的因素，所以從小一直是她親自口述教我，也經常在練琴時這樣訓斥我。可惜的是……直到了二十年後的今天，我怎麼還是如此心不在焉？尤其彈到這段主題再現的部分，我總忽略「MF 次強音」的字樣，以至於升半音的音符顯得軟弱無力。可是，彈指間，我似乎老是隱約聽到她重重的呼吸聲被咳喘打斷……，這教我的旋律如何不隨著母子兩人心情一同起伏。我不再相信任何陳腐的規範，對於這首原本是情歌的小夜曲而言，舒伯特自然有他詮釋失戀的心情，那是泰蕾莎和卡洛琳公主的拒絕，而造就了他創作音樂的心情；但對於我如此一名演繹的彈奏者而言，卻是母親在反覆造就著我每次彈奏音樂的心情。

旋律摻和著心情正在滾雪球，紛亂填滿了殘舊的地下室。我還能為這嚴苛又深愛我的母親做些什麼呢？我彷彿只有盡情將幻化如夢蝶般飄渺的音符翩翩鼓動飛起，悄悄傳回她的病榻，流洩的既是萬古長夜中明亮獨醒的星河，也有種纖柔心疼的美。疼的是她多年病痛癱瘓的煎熬，美的是她始終關愛無私的眼神。忽然覺得自己彷彿又像小時候，期待能像別的孩子與母親並排坐在高亮的黑椅上。我彈高音階，她彈低音階，把舒伯特流傳最早的「G大調四手聯彈幻想曲」演奏得天衣無縫。在兒時，這種充滿新奇的曲子，絕對比其他調性變化頻繁的樂章來得引人入勝、有趣得多。但是對於自己癱瘓的母親而言，這也僅僅是我的幻想。

撥弄記憶

時光倒退回我吵鬧又缺乏耐性的童年。躺在病床上的母親真像是另一座身前的鋼琴簇擁著我，注視我的小手在厚紙板所畫的模擬琴鍵上，正按著每一個猶豫慌亂的指法。

「轉調！這裡應該轉調！為什麼每次彈到這裡又錯了呢？」

D小調要轉成B小調，十六分音符和複點各占四分之一拍，還不可遺漏了前面的還原記號和後面的八分休止符。難怪母親以往會再三對我現在正彈奏這一段繁冗複雜的音符斥責我。我除了還記得D小調的第七個音階要降以外，經常將這原本浪漫的抒情歌曲，彈得像是震撼爆破又可歌可泣的殺戮戰場。

我是不是一個已經習慣在驚嚇中學習成長的孩子？否則，為何在骨牌似的長夜一一流逝傾倒後，我仍然會在閃電般點擊到同樣音符的奏鳴時，被自己的心緒撩撥起同樣的惶恐……。對了！就是眼前這一段，必須在急速翻動譜頁前散漫又莊重的演奏，每次我都不免把音符擰成了母親碎花旗袍上一樣紛亂的圖案。

那算多久以前的事呢？從兒時聽著母親為我哼著《小夜曲》入眠，到現在彈奏母親所教的《小夜曲》伴母親入眠；我們母子根本就是一對在鋼琴音階上接力賽跑的選手。她像教練焦躁地在前頭吶喊，我這個小選手拚命地在後面追趕奔跑。這架二手的老鋼琴為我們母子鋪陳了一座奔騰不止的跑道，二十隻手指永遠在八十八個琴鍵上彼此競賽，長長短短、快快慢慢、早早晚晚、朝朝暮暮。

「媽！我為什麼要學鋼琴？住在附近的男孩子沒有一個在學呀！」

當鄰家的同學們廝野在廢河道上的蘆葦間，我的腦海每到週末午後常泛起一陣慘白，白得好比蘆花草絮在風中顫擺的色澤。我太渺小，渺小的飛絮無法用增強了共鳴板的鏗鏘琴音掩蓋住那一份來自盛夏慵懶閒適的氣息。那既是孩子們玩耍的喧譁嬉鬧，也是蟬鳴喋喋不休的嘮叨侵擾。一陣又一陣向我襲來，一層又一層反覆如紛飛的白雪，凝結冰凍於伴我兒時千篇一律的琴鍵上。終究抵擋不住，一如我此際掩蓋不了另一種夜的氣息——

那是母親的呼吸，我的孤寂。

「彈吧！以後你長大了就會了解的。」

我很喜歡舒伯特在慢板之後，編寫了這一段高音譜上階梯式的旋律。長大後的我已有更寬厚而靈巧的手掌可以穩架在八個鍵盤的首尾，扮演一個聰慧的魔術師，狠狠地抓出木頭琴鍵裡那一隻隻冥頑不馴的音樂精靈！命令它們為我們母子，日日夜夜歌詠吟誦著永不停歇的音律。

永不停歇。

許多「疑問」與「解答」就是這樣永不停歇地在輪轉。每次掀開琴蓋就等於掀開記憶，手指撥弄的總是輪轉在一對母子悲歡雜陳又單調平凡的記憶裡。現在的我終於已經長大，不再追逐永不停歇的「疑問」與「解答」，而長大後的我還真應驗了母親過去的回答。因為我這才終於慢慢了解到：自己的心裡對於學琴不但已經沒有了絲毫的怨懟，反倒我竟然會更加珍惜每一次在母親有生之年彈奏給她聽的機會。現在每當彈琴的時候，我居然會偷偷地潛藏著一種奇幻的意圖，竟想用琴音向母親表達傾訴的情懷——那特別是一些長久以來，我們母子之間不易以言語詮釋、溝通或表達傾吐的愛與感激。尤其是今天的我能夠輕鬆駕馭音樂，還能因創作歌謠與製作唱片屢屢獲獎，如果不是因著那一份她在人生癱瘓病變的谷底，還能充滿光明信念諄諄口述指導我學琴的勇氣，今天我將一無所有。

不管我是「為了想了解才長大」，還是「為了長大而更想了解」，我終究還是迴旋轉動在舒伯特魔幻的琴音裡，為一個癱瘓的母親進行首次離家出國前，最後一次的演奏。不要怪我的思緒如此纖細敏感，在繁複龐雜的音符裡長大的孩子，不可能只有單純的一面。媽！您說對嗎？「疑問」與「解答」既然都攪在音符裡永不停歇，我也就只有涵泳在這首舒伯特的小夜曲裡，將過去二十年學琴的功力持續著墨編織於這首樂曲的後段，那正是有如絲綢金縷在柔順雅致中的千頭萬緒……。

音樂精靈

誰會猜想得出就在《小夜曲》這一段最溫柔婉約的優雅高潮之處，舒伯特竟然匠心獨運大膽使用「轉調」營造出奔放昂揚的氣氛，簡直像是往剛剛織好的純白素淨布帛上，任意狂放潑灑光鮮亮麗豔彩的顏料。這一刻，我只要把雙手浸在滔滔不盡的旋律中隨之翩翩起舞，就即刻分享，甚且貪婪霸佔擁有了舒伯特年輕俊逸的才情。身前的琴鍵，琴鍵上的手指，手指裡的思緒，灼熱濃稠滾燙浪濤般鋪天蓋地而來，盡把晃動在廢河道上雪白蘆花間廝野的頑童們，以及一個癱瘓無望康復的母親、一個孜孜練琴學習的我，全部都給洋洋灑灑地翻攪淹沒，直到沒有任何晦澀的記憶還被壓在漩渦底層的音符下……。

當我繼續隨著樂曲轉折按到琴鍵最輕盈的小節，我更意識到母親確實仍在仔細聆聽。原來音符才真正算是個不折不扣的魔術師，教我這冥頑不馴的孩子，終於能歌詠吟誦出音樂世界裡如此遼闊寬容的悲憫。母親現在睡得正安詳，而我此刻彈奏的就是安詳。今夜她的雙眼即使微微閉著，也有我的音符給她長夜中獨醒守護的星光。現在的她終於不必再費力撐著眼簾看我，像是小時候那教我學琴的模樣哪！

音樂家以開闊的胸襟傳承給後人揮灑理性智慧與感性浪漫的經典作品，舒伯特可是從來沒有機會撐著眼簾，看我們在如何揮霍糟蹋著他圈養的音符。但是，我從小卻能夠有母親盯著自己彈奏，即使身體癱瘓仍用口述的方式細心指導我，還陪我熬過一首首單調的練習曲，恐怕是連舒伯特也沒有體會過的幸福。

三十一年的壽命，給舒伯特永不停歇的音樂創作，也在這一首又一首放逐心情的旋律中，施捨給予我們這群凡夫俗子兀自撥弄悲喜交集記憶的機會。我想對舒伯特說：「你才真的是魔術師！」否則我不會在幾百年後還要肩負著你的陰影；就像你悄悄肩負著貝多芬的陰影一樣的宿命呀！母親說過：三歲的時候我聽到舒伯特《小夜曲》就不再哭鬧。這使她肯定了我的音感天賦，也決定了我踏上學琴的命運。

彈奏到這裡……我總想問問舒伯特：是誰給了你創作和演繹的才情？又是誰精心地將我們母子牽扯進你一首首精思巧謀所預設的音樂命題裡呢？我們母子倆，今生誰也別想逃離你這首旋律靈動飄逸的格局，就在這架鋼琴的八十八個琴鍵裡，一個也無法超越。她從不曾要求被你釋放過，但是病魔卻扮演了你的無情差使，讓她詛咒病魔卻忘了詛咒你，這個在音樂創作領域裡也一如專制「魔王」的舒伯特！你知道嗎？當一個彈琴彈了半輩子的人卻忽然有一天發現：儘管耳中依然存有迴盪的旋律、腦中仍舊藏著擱淺音符的她，竟不能再任由旋律音符從自己已經僵癱的指尖上掙脫流洩，也不能為了指導我彈奏而走向我飛揚在鋼琴鍵盤上的手指旁；卻還要日日夜夜反覆聆聽著同樣的旋律音符。

這是一種何其長久，永不停歇的痛苦與折磨啊！

你知道嗎？

真的是，永不停歇……

永不停歇

母親終其一生不想讓我對於音樂，只當成是小學唱遊課堂上聊備一格的那種膚淺僵化的升學附屬品。她非常清楚原來在現行台灣學校體制下的美學教育，除非是專門上音樂美術特殊「資優班」或是家庭有錢私下重金延請名師指導集訓栽培；否則，事實上全民都被丟在教學鬆散而荒謬的「美育放牛班」裡，想要培養基本藝術欣賞的能力都不易，更別說運用「樂器」或「彩筆」技巧詮釋自我心靈的感懷，一如我們能夠輕鬆駕馭運用「話語」和「文字」去詮釋分享表達一樣的。

她知道短短十分鐘的下課時間，值日生會從器材室裡把老舊的風琴像便當筐一般給抬進教室。五十八名同學接著會把音樂課本豎得高高的，大聲齊唱老掉牙的歌，看得連窗外巡視的校長主任都頻頻滿意點頭。只是對學生來說，聊備一格的音樂課風琴永遠不如午飯便當盒來得受歡迎；校長主任要看的永遠也只是上課學習表面上的整齊秩序。母親是絕對不容許懂得音樂的自己，卻有一個未得藝術馴化、冥頑不靈的「音樂放牛班」孩子，像其他學生那樣只會用死背的方式，應付每學期末識譜清唱的樂理考試。

事實上，她也不要我變成「音樂資優班」裡，僅僅擅於匠氣應考獲取高分進入名校的莘莘學子，所以不送我進入體制內的專才教育而堅持自己教，期許我能了解到唯有歷經孤獨煎熬的苦澀磨練，才得以感念藝術、品味人生。現在的我雖然永遠比不上舒伯特，更連音樂家都不是，卻在母親當年的堅持下，為我的人生開啟了一扇，比別人多懂得一點欣賞藝術的生命視窗。

我想對母親說：

「彈奏到這一刻，我已完全體會到您的苦心，感動到熱淚盈眶、不能自已……」

如果說樂曲的開頭是試煉我切入主題的功力，那麼，樂曲的結尾便是對於一位演奏者鋪陳餘韻的考驗。我實在不必再用兒時的驚嚇或是此刻情緒的跌宕起伏來束縛自己。但是，現在儘管這一段落的曲式節奏單純無比，我卻希望睡在病榻上的母親不會在聽我演奏到最後的部分，發現我有任何一點點突兀出錯的音律，以免擾動了她久病臥床的安詳寧靜。於是，這種思緒令我格外謹慎，繼續挑弄起最後那一串柔美如霓裳羽衣，近乎輕荏無骨飄飄欲仙的音符。我簡直像是為它鑲貼巧織上一片片鴻羽，徜徉布局在即將展翅高飛前矜持又欲迎還拒的款款深情。

尾奏裡舒伯特終究一以貫之揮灑出暢快自然的旋律，像一綑又一綑埃及法老的裹屍亞麻布，把我層層纏繞在他情緒禁錮的木乃伊裡，亙古囚禁著。由前奏之後展開的第一拍三連音到現在的合弦終止式，這條音樂的生命小河，流洩穿越了歐洲宮廷到全球的平凡百姓家、也穿越時空超脫陰陽足以運籌帷幄決勝於億萬里之外，遙控監視著每一個彈奏此首樂曲的人。至於，對現在的我和母親來說，只不過是歷經了一個又一個世事冷暖悲歡的無數個黑夜之後，最後縈繞回轉到眼前老宅的地下室裡。

我是如此輕易地隨著「cresc」的符號漸強，收起方才低音部活潑的跳音，改以點擊更強而有力的指法。瞬間，波光閃爍的音符全部點石成金，洪濤泛流成無邊無際的朗朗汪洋。我開始更加相信：一位真正的音樂家必須以胸襟氣度作為曲牌技巧的後盾，才能創作出震古鑠今超越時空陰陽的傳世之作。而一個真正學習音樂的人，從此也不必再斤斤計較——議論自己的樂器好不好？琴房在哪裡？……母親又在哪裡？悲歡交響的人生其實因為舒伯特這段熟悉的音樂旋律，早就被串連編織得毫無嫌隙。

就像此際我坐在老厝地下室裡彈奏的心情一樣平靜恬適，永不止歇。

我固執任性翻騰琴鍵，因為我確信母親一直在聽我彈奏，一直聽到現在樂聲進行到了最後一個小節，佩帶上延長記號的安定音中，完全靜止結束。我輕輕地闔上琴蓋……，就像今天早上輕輕地闔上母親的棺蓋一樣，目送她在蓋下僵冷的身軀，如同鋼琴的八十八個黑白木鍵，正由長變短逐漸消失眼前。流洩又凝聚的光線舞動著空氣中飄浮的塵埃，它們也在我的十指間像音符般穿梭，由明到暗、由重到輕，撫握不住一絲絲餘韻殘留的溫存。

還好舒伯特的《小夜曲》為我們母子延伸了一種不必再以言語況喻的理解，也保有了一種不會因為陰陽時空而阻隔的感動。只要我隨時再次掀開琴蓋，彈起舒伯特的這首《小夜曲》，我就立刻回到了母親與我心靈相契的世界。是的，不管誰是「魔術師」，這首屬於母親和我，在人生反覆吟詠的「悲歡小夜曲」都將永不停歇。

永不停歇……

火州與冰城
——隔海思念終生不得重逢的母女

你常將羞怯偽裝為冰封的城
我總把熱情蔓延成火燒的藤
思念是烈火　燒遍每寸寂寞
淚水是寒冰　封住想你的心

你是座冰封的城
我是條火燒的藤
冰火煎熬　炙熱寒冷
堅定的城　牽繫著藤

愛是座不毀的城
情是條糾纏的藤
我用赤誠　美夢再生
心頭的燈　為你在等

緣起

每當夕陽泛起第一道嫣紅的彩霞，就在催促著人們回到母親的懷抱。

母親是絢麗黃昏後漫漫長夜裡的燈塔，只是默默佇立在一個個無垠的港口，絲毫無求回報的給予艘艘船隻最真摯的庇佑、最無私的關愛。有人幸運地終其成長歷程都在明燈的指引下穿梭往返；有人卻在最需要的時刻失去了她和煦光華的照耀；更有人只能一生殘酷地憑靠自己的想像與期望，鑲嵌那份從未擁有過的落寞。

然而，不論這座象徵母親的燈塔是簇擁在我們的身旁，抑或黯淡殘毀消逝，最善美寬容的愛都蘊涵在「母親」這兩個字裡。她既可以懸浮在遙不可及的星空，又可以深植在近如咫尺的心中，一點也不會矛盾衝突。

珍惜如此溫柔敦厚的情懷，在寒寂的長夜、疏離的人群中，足以散發一股最溫存的暖意。彩霞終究浸融入夜晚昏沉的暮色裡，不過萬家燈火飄忽閃爍地更教人心動，因為每一盞燈「火」裡都有一份來自母親內心永恒「冰」封的真摯等待。

對於我們做子女的，到底能為過世的母親做些什麼呢？

寫信

首先，小時候我最快樂的事就是幫母親「寫信」。

寫信的原因是為了我們家裡的一個秘密。

那就是當一九四九年戰亂流離的時候，我的父母匆匆離開烽火連天的上海輾轉搭船來到台北，不得已把出生不久才一歲半的女兒暫託給我的外婆照顧。只是誰也沒想到本來以為幾週，或頂多幾個月就能返回家鄉，這一別後來卻竟是整整四十年。

直到媽媽在一九八三年七月二十一日過世時，她們母女仍因兩岸隔絕而沒能再見上一面。記得我和哥哥把斷氣的母親一起抱上太平間的推床上，這才在她的枕頭下看見了一張，兩歲女娃歪著頭天真笑顏的照片。原來，媽媽一直都靠著大姊這張泛黃污漬的老相片，隔著台灣海峽，思念著她至死都無法重逢的親身骨肉。

於是，從我還不滿六歲剛在學寫字以來，因難產生我而罹患第三期關節炎癱瘓的母親就會把我叫到床邊——每個星期幫她寫一封信給上海的女兒，也就是後來我們在台灣出生的五個弟弟妹妹，從未謀面過的同胞大姊。這一寫就寫了近十八年。即使爸爸告訴她說：其實這些信可能下放到崇明島的大姊根本就看不到；但是找不到大人代筆的媽媽，還是固執堅持著要我聽她口述，然後由我執筆，把她想說的話一字又一字、一句又一句清楚地寫下來。算一算從我幼稚園到媽媽在我大學畢業那年過世，前後我竟然幫媽媽累計聽寫代筆了上千封石沉大海的信。

當時，我細細聆聽媽媽講述她們母女，從懷胎生育到分隔兩岸前後三十六年間的點滴心情，一一紀錄下了媽媽叮囑的話。從我開始寫信那年大姊讀書工作的十八歲，到成家生子為人妻母的三十六歲；特別是還涵蓋前後十八個年頭裡，媽媽娓娓道來所有談生活、說思念的瑣事。

那時我是多麼快樂地在幫媽媽寫信，因為我可以比其他同齡孩子更快提早學習認識了好多新的生字；不過，現在回想起來，我竟是多麼難過——從小我竟然扮演了一座，母女橫跨十八年生離死別唯一牽繫的橋樑，教我如今思之，悲慟逾恒。

替身

從小我在她的病床邊陪伴，不論寫字、畫畫，還有那一封封聽寫的書信，都是在她的床前完成。原來「我」就是媽媽的「手」。當別的孩子放學都跑著出去玩，老師詫異地發現：只有我一個人是跑著回家找媽媽的。

正因為我很小就發現——我不僅僅是媽媽的「手」、還是媽媽的「腳」、更是媽媽的「眼」；所以，我迫不及待把她被病痛隔絕的那個「外面的世界」，就由我來說唱給她聽、寫畫給她看。

現在，一切再回到母親離開的那一天開始，也讓我依然像小時候一樣，乖乖地坐在媽媽的病床前，講述「枕邊故事」給她聽。

我就從母親最熟悉的家人開始吧！將一個大時代微縮在一個平凡的小家庭裡，這些故事沒有大江大海般壯觀偉大，但是仍將從「海峽兩岸」邁向「太平洋兩岸」，慢慢地、慢慢地說給她聽。

於是，我在中國極熱與極冷的兩個自然地理象徵的地方：「火洲」吐魯番與「冰城」哈爾濱，找出了一個冰火煎熬也冰火交相呼應的答案——我試圖代替往生的母親，去看看她生前一直不能再見到的骨肉至親，就是我的同胞大姊……，當然也讓我自己的內心裡，對親情的一份缺憾得到些許圓融的彌補。

整個故事就從吐魯番和哈爾濱說起吧……

冰火

吐魯番古稱「火州」，是全中國地勢最低的地方；而哈爾濱素有「冰城」之譽，則位在全中國最北的黑龍江省。然而，兩次不同目的的造訪，教我從數幀照片中，竟然發現大自然環境在這極端對立的兩者之間，存在著一種時空夢幻幽冥的交錯。這種既遙遠又親近、既陌生又熟悉的複雜意念，竟然能如此並行不悖——正好像我第一次在上海見到自己同胞大姊時的感受：我們既是全然的陌生人，身體裡卻因流著父母同樣的血脈而親切相依。

人世間許多的巧合，往往需要時間的沉澱才得恍然明白。在英國留學的心情，不時有點疏離、有點落寞，但卻正是催化時間去沉澱記憶的難得機會。走遍世界許多地方，不論是任何因緣際會，我都不會忘記攜帶照相機與筆記本，影像和文字確實是最好的紀錄，也是最完整、最具體的回憶。可能就是這種心情，赴英深造前，我特別抽出一些曾在各地拍攝的照片伴隨同行，以免漫漫的留學之路被書堆淹沒。

就在論文研究最緊鑼密鼓的階段，我的心卻飄到了「火」與「冰」的奇幻世界。

我發現：一九八九年夏天，我首次採訪的新疆「吐魯番」，以及一九九一年冬天我所初次遊歷的東北「哈爾濱」，兩者正一西一東、一熱一冷，在互相悄悄連結傾吐著。這正有如另外兩個城市的關係：大姊出生的「上海」與媽媽亡故的「台北」，同樣歷經了人世變幻起伏後的萬千曲折心情。

以下這篇文章就是用了兩代人的悲歡離合寫成的生命劇本，巧合勾勒出一段橫跨了海峽兩岸四十年的真實故事——裡面有著「火」與「冰」一樣的折磨煎熬，也有著「火」與「冰」一樣的衝突矛盾；當然更有著，烈火與寒冰在人世變幻起伏波瀾中的壯闊淒美。

媽媽口中唸著想要說給大姊聽的話，我則一個字、一個字乖乖地寫著。幫癱瘓的媽媽代筆寫信給她終生不能重逢的女兒，也就是我的同胞大姊若蘭——媽媽口裡的「囡囡」。「她」曾經是我的「童年」裡，「貧困」的生活中，一段非常「遙遠」的記憶。

一直寫、一直寫，寫到後來有一天警總來家裡查，告誡我們不得輾轉美國或香港跟大陸通信。他們嚇我敦厚的父母說：那叫做「通敵」，是嚴重的要判「叛國罪」，可以把我們全家都抓起來關進監獄。但是，我不管，仍然暗中繼續偷偷地幫媽媽代筆寫信，她終究像中國世世代代殷實柔順的老百姓，噤若寒蟬地自責，也從此發抒筆錄卻寫而不寄，壓抑親情，繼續無盡頭等待著海峽兩岸重逢的一天。

直到母親過世，我與哥哥抱頭大哭，因為母親今生唯一的「夢」碎了。

我並未因著今後不必再需要去代筆寫信感到輕鬆，反而頓時心神崩潰，嚎啕不止。我知道自己拙劣的文筆寫不出那種三十四年來，親人壓抑苦悶中探求真愛的堅定信念，只能藉這篇文章試著透過：各兩段冰火衝擊的地理時空、各兩組來自「童年」、「貧困」與「遙遠」的歷史故事，忠實記錄下兩位隔海思念的母女，她們終其一生，冰火煎熬無法重逢的傷慟。

童年

一九四九年五月——那齣以淚水做腳本的人生大戲

北方戰火喧天，上海老家已人去樓空，只剩下外婆帶著不到兩歲的大姊。父母在萬分依依不捨之下，先後南下廣州荔子灣會合，相約台灣。十年後的冬天，我出生在台北市婦幼醫院，母親因難產，自此後染病二十餘年，幾度生命垂危。加上我，台灣的家中共有五個孩子，父親除了工作還要肩負家計，雖然艱苦，但卻美滿愉快。

我的記憶非常清楚，母親離開大陸時，尚在襁褓中的大姊一直是她抹也抹不去的掛念。我們在台灣的五個弟弟妹妹沒有人見過她，只知道她和外婆在上海。小學四年級的時候，外婆過世了，母親輾轉得到消息，哭傷了眼睛。在台北松山寺的佛堂內，堆起紅紙箱，裡面塞滿摺疊的冥紙，外面還上了一個個用黃紙剪的鎖片。那時，我是個只懂得在廟園裡抓蝴蝶的孩子，不了解誦經法會中夾傳的哭啼，乃是母親何等天人永隔的哀傷。畢竟，對童年的我來說，那只是又一個週末無聊的午後。

慢慢長大，我才發現，其實這一對分隔在海峽兩岸的母女，從來沒有停止過淚水的相思，只能抑鬱在心裡，偶爾才能放聲大哭在生與死的邊緣。的確，直到我在一九八三年大學畢業的那個暑假母親病逝，我才終於確知：她們這場用淚水做腳本的人生大戲；但是也就是從那一刻開始，她們終於註定要在如海峽隔絕般的陰陽兩界，愛恨遺憾永無止息地輪迴下去了。

還記得我在大學畢業考前夕的那個夏天，母親因為糖尿病引起的菌血症病危住進三軍總醫院，當時她便經常惦著照片中的大姊。從母親彌留的睡夢中，我反覆傾聽著她口中喊著的大姊小名「囡囡」，還有那些曾經發生在上海英租界愚園路老宅的塵煙往事。我實在無法說服自己相信，直到母親過世的那一刹那，她們母女都還只能憑藉遙遠虛空的幻想思念著彼此……。這是一個多麼無奈的事實，誰會想到一段政治歷史的時代悲劇，竟然如此具體而微地在我們如此平凡的家庭上演。

這是我在台灣的童年，那麼大姊在上海的童年呢？沒有父母、沒有弟妹，倒有文革海外關係的點名批鬥、清算鬥爭、掃地出門、下放勞改！誰有抓蝴蝶的閒情？誰又有思親的權利？

一九八九年五月——那隻快樂飛翔到新疆絲路的蝴蝶

一九八九年，兩岸正式開放台灣媒體記者可以依規定申請赴大陸採訪新聞。得到台灣電視台的指派，我成了海峽兩岸睽違四十年之後，首批合法進人大陸故土報導的新聞記者。巧合的是，我也首度踏上了四十年前，父母不得已倉皇心碎離開的那片土地。

這一次的採訪，主要重點是亞洲開發銀行在北京召開的年會。其間，得到北京全國記協的首肯，我也特別與攝影記者趕赴新疆採訪。而這個當時在台灣地理課本上還寫著「中國第一大省」的新疆，已經成了四十年後眼前的「維吾爾族自治區」。難怪不少人調侃當年台灣的「地理」課本其實是「歷史」課本。

從飛機的窗口望下，一片無垠黃沙，我忽然揣想起當年父母搭機飛臨台北上空時的心情，不覺會心一笑。因為，其實很多事並沒有因為時間和空間的不同而改變——我是指四十年前心事重重的父母看見了綠草蒼蒼不會高興，正如同現在我看見黃沙漫漫不會難過是一樣的。誰說「歷史」的感傷與「地理」的開闊沒有一點相似、相通之處？

維吾爾族自治區的首府是烏魯木齊，蒙語「豐美的草原」，到底與台灣地理課本所寫的「迪化」有什麼啟迪開化的關係已沒有意義。我倒是急著遍覽南山白楊溝、吐魯番和火焰山。哈薩克牧民的牛羊氈房與維吾爾同胞的果蔬栽種，在在令人留下深刻的印象。我是何其喜悅，一個原來只會抓蝴蝶的小孩，現在能比蝴蝶更海闊天空地飛翔。尤其是在吐魯番小鎮的坎兒井邊，我還能和維族的小朋友們一起爬上老桑樹，用大床單抖落整串有紫有白的桑椹，吃得滿臉滿身，就像一隻隻快樂採蜜的蝴蝶。

跑呀跑！不要讓我追不上你們呀！「火州」坎兒井的土溜兒階梯像是為他們上了電似的，蹬上蹬下，也不怕滾到天山雪水滔滔的井洞裡。瞧這些孩子，乖巧的女娃娃頭纏彩色絲巾，紅咚咚的臉龐，流露著漢人沒有的嬌艷；男娃娃那可野啦！個個戴著維族的伊斯蘭綠色小繡帽，一看到有人照相，就調皮地摘下帽子擋住臉，露出白白的大光頭；再不然就是猛把放學的書包往臉上罩。我才不管，和他們搶下帽子照了張相，後面的葡萄架是不是看著看著都笑彎了腰呢！

吐魯番的第一天，因為跟孩子們的童年往事，讓我快樂極了。

一九九一年一月——東北打轉兒的嗡軋，俯衝的爬犁

一連想了三年，我總算第一次去了趟東北的哈爾濱。哈爾濱真是個「冰城」哪！對我這亞熱帶長大的人來說，儘管在美英兩地留學期間皆歷經漫天大風雪的生活，但是零下二、三十度的嚴冬我還是無法想像。要不是兆麟公園裡的「冰燈節」對於我有著一種神祕的想像，否則我也不會像個吸盤般從留學英國的里茲被牽引到了這裡。我又要求了一個靠窗的位子，想想那古西域和現在的北大荒，從飛機上看下去的景觀必定截然不同。

果然，覆滿冰雪的一片無垠山林田野，舉目皆是。看得出細心有致的白色紋理是東北老鄉才犁過的田，至於，小平房則快被霜雪壓得看不到囉！這般開闊的北地景色令我怦然心動，下了飛機後我特別乘了公車前往斯大林公園旁的松花江畔，眼前的景物更教我的熱血融化了四周的寒凍。學歷史的我，來不及去追憶女真人在附

近的阿城建過金國，就直接淘氣地跑上結冰的松花江。

這簡直是個世界最大的冰上遊樂世界嘛！原來「冰燈節」會場裡堆起來那些高高的牌坊或城門都是採自這江裡鑿出的碩大冰塊，裡面還會掏空放入霓虹燈管，入夜自然五光十色、美不勝收。可是我尚不及想像兆麟公園夜晚的美景，眼前已經被一群兒童特別的遊戲給吸引住了。

「這是什麼？小弟弟！」我問。

「這叫『嗡軋』，你鞭它，它就轉兒，只有冰上可以玩兒！」小孩回答。

這小弟弟多漂亮的一口普通話，邊說還邊把冰上的「陀螺」打得嗡嗡作響。原來這和我在英國約克維京博物館裡看到的歐洲古代童玩（whip and top）是一樣的。當時英國解說員也不懂那是一種只能在冰上玩的把戲，今天竟然在東方的哈爾濱看到西方古維京人活生生的老把戲，誰又說古今東西的「歷史」與「地理」得要分得那麼清楚呢？

我們真是玩瘋啦，從江的這一頭玩到那一頭，又追又跑。他們說要玩「爬犁」，我雙手贊成，只是不知道那就是從冰坡上面，滑下去結凍河面的雪橇板。我們人手一個板，扛上頂端或坐或臥，或是頭朝前俯衝演大老鷹，過癮極了！拍拍滿身的冰雪，大家的臉紅得像熟透的蘋果一般。我提議一起來照張相吧！就在這個冰封的松花江上。記得我還提醒他們要跟方才一樣開心地大笑，誰知道後來回到台灣把底片沖洗出來才發現：他們怎麼在我身後站得這麼整齊，活像在學校裡參加升旗排隊一樣的。老師又不在，只是好心的售票員幫忙按快門呢！怎麼把剛剛貪玩的「壞」樣子全收了起來，只剩下我獨自，使「壞」成這樣。

這就是你們的童年嗎？

貧困

一九四九年五月——翻落的牛奶杯，塗鴉的麻將紙

父母在台北定居，像當時奔波到台灣來的其他大陸各省民眾一樣，每個人都在想，戰亂的時局應該很快就會安定下來，總以為不久便能回到故鄉老家。不過，誰知道呢？這個「很快」，一拖就過了四十年。結果，時間倒是過得很快。姊姊在上海已經成婚生子，一兒一女一個家。我們其他五個在台北的弟弟妹妹，除了最小的我，他們也都已經成家生子，有兒有女也有了自己的家；大家卻都分散定居在世界各地不同的角落，橫跨地球的亞、美、歐到大洋四大洲區。

時間怎能說不快呢？四十年一晃就過去了，帶走了童年，也帶走了多病的母親，留給我的也是那用血淚寫下的人生劇本。現在的這場戲，自己除了體會到大姊未曾享有母愛的悲涼之外，還多了一份自己對逝去母愛的懷念。

人生就是「戲」，海峽兩岸的親人賣力演了大半輩子的這一齣「戲」，到最後卻不能用淚水堆出一座鵲橋，讓母親與大姊在有生之年相會；只堆出了一份親情死生兩地的絕望與無奈。我們都在戲裡，也都曾這麼傻乎乎拼命地演著。台灣海峽被一刀切開，兩邊各有點滴的辛酸。

記得在母親最病危的時候，我才上幼稚園，總是坐在她的病床旁邊畫畫。有一次父親幫母親泡了一杯當時極為昂貴的牛奶，補充虛弱病體的營養，他自己都捨不得喝，每次都讓我偷瞧到他在喝母親飲完後加水攪盪的空杯。爸爸這次卻順手第一次幫我也泡了一杯，還一直叮囑我趕快趁熱喝掉。偏偏我卻不聽爸爸的話，堅持要畫完手頭塗鴉裡那一朵天上的雲，結果沒想到我塗抹蠟筆的力道太大，手一揮到畫紙上的天空就碰翻了椅子上的整杯牛奶。自己還沒嚐到乳香的滋味，就驚見氾濫一地的瓊漿，那種心疼自是比不過那一瞬間爸爸的心痛。打罵在那個時候都是多餘的，不過，倒是在爸爸心痛如絞的眼神中，我目睹他正恨不得擦回一地昂貴牛奶的表情。我似乎不必等討債的人登門要錢，就已經知道渡海落難的貧困早已吞噬了這個家。父親曾經必須每天騎一、兩個小時的自行車，去淡水河對岸的板橋紙廠上班，我就用畫紙陪伴母親。告訴癱瘓在床上的媽媽，外面還有個幼兒園的世界，也給她看我用蠟筆勾勒的粉彩大地。

其實那或許算不上什麼圖畫紙，爸爸每個月都會把板橋紙廠墊剩的厚麻將紙拿回家，用小刀片裁成活頁紙的大小給我當圖畫紙——這大概是他滿心記掛醫藥費跟生活費之餘，從來不曾忘記的事。

我畫呀畫，爸裁呀裁，媽躺呀躺。有幾次小刀割紙的勁兒撕裂得太猛，又像揮到了天空一樣，竟然劃上了爸的手指，血一滴滴快得就像傾洩的牛奶。從那一刻起，我真正知道自己的內心裡，也同樣開始遺傳了爸爸在貧困中心痛如絞的眼神……。

但我還是畫；畫在母親的心裡，畫在父親的血裡。

一九八九年五月——千年風沙吹古城，四方苦力聚邊疆

五月的西域，草一吋又一吋地在長，躺在綠洲旁的菜圃，我聽得到小生命正茁壯繁茂的歡呼；靠在通風的磚土房邊，我也聽得到去年夏天晾剩的葡萄，閒聊細數豐收的盛況。但是對比起周圍苦旱貧困的沙漠，又是一番什麼樣的心情呢？附近的

高昌古城從西元四九九年建國，到六四〇年遭唐朝滅亡，今天到底剩下了什麼──只是一片廢墟傾圮在斷垣殘壁間。即使唐朝隨後在車師古國設立了安西護都府，也護衛不住這裡千年的頹廢荒蕪，就剩下交河丘陵上的寺院古城，映著大漠夕陽在風沙中睡去。貧乏卻毒烈的大自然地理暴君就像一條無形的繩索，綑綁牽繫住此地近乎千年停滯靜止的歷史，徒留土坯殘跡在塵暴風沙中供人憑弔。

吐魯番的白天，熱到四十度，絲毫未忝其「火州」之名；但夜晚風涼似水，有時還會讓人打點哆嗦，就如同走進阿斯達古墓群裡，探索寒氣逼人的高昌貴族安息之所。到底昔日東西交會流傳的精緻陶俑與典雅織錦都到哪去了？怎麼只剩下簡陋淺薄的小販，四處兜售著新疆各式的囊餅與灑滿孜蘭粉的燒烤羊肉串呢？是不是古西域原本瑰麗多彩的人文風采，都像矗立在火焰山北麓穆魯托庫河高懸的斷崖上，那個早已空無一物的柏孜克里克千佛洞一般？──眼前此時洞內泥草糊成的古牆上，只留有殘剝的佛陀與飛天壁畫，剛好跟洞外廣大一片正由工人鋪上土石柏油的路面，形成著強烈的對比。過往輝煌的歷史，此刻正被新穎卻僵化的地理工程逐步淹沒覆蓋，單調的貧困變成了另一種「地理」和「歷史」無奈的風景。

「你們別走啊？」為什麼看到我像看到墓中維吾爾的鬼怪呢？或是，忙碌讓你們變得冷漠……。

「要趕活兒呢！」這是擠了三天三夜火車，剛從山東來這裡上崗的臨時僱工告訴我的。

他們正準備在烈日曬融的柏油路上鋪過土石之後，再走回坡頂去趕著上粗工。揹的、扛的、提的，沒有一件動力機械的工具，全是家鄉帶來扁擔與鐮刀。他們說因為老家農村人力過剩，也因為貧困養不起那麼多口人，因此青年必須出外謀生而一個個離了家。搭乘京廣鐵路南向到了廣州特區的，曾被人稱為「盲流」；搭乘隴海鐵路西行的，唯有在新疆當「苦力」。

四十年前，歷史把內地各省的人推擁到了「地理」偏僻東南的台灣，四十年後的「歷史」又是什麼原因，把各省的人又推擁到了「地理」偏僻西北的新疆呢？大概就是那時現實暫且貧困匱乏的生活使然吧！

一九九一年一月——那是什麼叮噹聲？那是啥樣手拉車？

哈爾濱實在太冷了，我的手完全使不上力，可是我不過才從棉布手套裡掏出來，按下一張相機的快門哪！耳朵在朔風中打顫，臉頰像冰箱的槽壁，我必須趕快買一頂野兔毛紮的「響馬帽」。雖然老鄉們說到興安嶺上才會凍掉耳朵跟鼻子，但我卻連上個公共廁所，手指都被凍得拉不下褲子的拉鍊，足足把手甩了二十幾分鐘——尿都快憋死了呀！

隔天一大早，哈爾濱的中山路上怎麼盡是叮叮噹噹敲個不停？從五點吵到八點都沒有停過，連我在路邊銀河賓館二十一樓都聽得清清楚楚。旁邊的工人文化宮和省商業大樓為什麼不管，任其在好睡的清晨鑼鈸震天價響地擾人。

「啊！是全民在鑿冰哪？」

當我從窗口鳥瞰下去時，才發現整條又直又長的馬路中心線上站滿了人，好似正用錘子在合力鑿去昨夜路面上反潮所結的露冰。霎時間，我真覺得自己在這個一樣偏遠的中國「地理」上，怎麼演起了中國「歷史」上的昏聵的「晉惠帝」。我只差沒說：「何不食肉糜？」百姓的貧窮困苦對比於帝王安逸的生活，就是像這個笨皇帝一樣：聽說百姓沒「米飯」吃，居然建議窮人為什麼不改吃「肉粥」。我這生活在不同環境來的人，拋開氣候水土的不同，對於此種組織群眾集體漏夜鑿冰，以便保護馬路大眾車行順暢安全的辛苦，又豈能體會於萬一。

懷著歉疚的心情，我披上大衣下樓。如果不是三件毛衣、兩條毛褲穿在裡面，這種冷根本讓人動彈不得。開闊的大街上，上班上學的人群可忙著。吊軌電車，像北京、上海與成都一樣，被東北人稱為「無軌」，在市街裡載著滿滿的人東奔西跑。

店家把滿州習俗的「幌兒」掛到餐廳飯館的門口，表示開始營業了。這小墜鬚燈籠的標幟有紅有藍，藍的是「回民清真館」。晚上還都會亮燈，燈熄收了就算打烊，連燈籠的數量都可以知道這家菜色與收費的「檔次」（水平高低）。

大街上既有剷不完的冰，人行道上就只有任大家走得跌跌滑滑了。哈爾濱的雪並不多，但冷凍的氣候在冬天就是自成一格。在店裡吃了碗黏包米（玉米）和雲豆熬的「大楂粥」，配上土豆兒（馬鈴薯）芹菜條，還接受老闆的建議見識了一下北大荒「飛龍宴」的熊掌、猴頭菇。更為通俗而特別的則是「炸鐵巧」。「巧」就是「雀」與「鳥」一起唸的意思，說穿了正是炸痲雀。心疼歸心疼，看他們把鳥頭喀嚓一咬津津有味兒，我也不便大驚小怪。倒是付了錢走出店外，我深深感到在個體戶的店裡、店外其實完完全全兩個不同的世界。大堆煤碳燻燒的暖氣，為店內隔離了風寒，至於店門外不時經過的人力貨運拖車載著各種木柴、煤炭與鋁板，他們有些腥羶的汗味傳到我的身邊，才發現走近的是一對對多麼奮力勉行的父子，眉毛和鬍渣上盡是汗水凝結成的白霜。他們兩代間輪迴的貧困縮影在我的面前，令我又想起了父親；畢竟現在我看到的並不是我與父親之間的牛奶和圖畫紙，我看到的只有兩代合力卻似乎永遠也做不完的苦力。

雖然，我相信樂天安貧的東北老鄉，會像「感情深，一口悶兒」，一樣地在喝玉泉白酒時，忘記現實生活的艱苦；但是，我仍然忘不了這一幕幕的情景。

遙遠

一九四九年五月——在那遙遠的上海，有我的同胞大姊

爸媽揮別了上海的家園，在台北又胼手抵足地建了另一個家園。從那時開始，我們這個家就一直奇妙懸浮地架在，眼前的台北與遙遠的上海之間。

從小我就愛看台灣的布袋戲和歌仔戲，真是愛極了。然而，我這所謂「外省第二代」卻在內心深處，不僅珍愛寶島鄉土，也一直默默在心裡，隱涵了另一個廣袤又遙遠的神州世界——那裡糾結著無數「歷史」與「地理」的愛恨情仇，當然也有父母親說不完的軼聞掌故與悲歡離合。

這種感情，其實很難用歷史與地理課本一樣的條理去約化與歸納，我只深深推敲，至親遙隔兩岸的心情，遠超過了杜甫的「烽火連三月，家書抵萬金」。兩岸當年對立的「烽火」何止三月，「家書」竟也成了雙方政治的禁忌。確實就從那次的盤查之後，爸媽從此不敢再跟上海的大姊，也就是他們的親骨肉寫信，直到母親過世。現在回想：這不只是「斷信」，更是殘酷地斷了一對母女的音訊，完全斷了她們兩人在今生再能見得一面的希望。至於，在大陸文革時期，別說通信，只要查到誰家有親人在台灣等等類似的「海外關係」，都會被打為「地、富、反、壞、右」成份的「黑五類」，必須受到檢討甚至批鬥，處境更糟。

當時兩岸的政令都還沒有完全開放，像後來陸續批准「大陸人士」來台探病與奔喪，甚至於兩岸還可來往來旅遊觀光自由行。以前台胞去大陸探親還有「一大件三小件」的家用電器購贈親友的優惠，到現在兩岸三通，台商更在內地早已突破百萬人。話說回來其實當時就算可以通信又能怎樣呢？多一封來自台北父母弟妹的家書，對於獨處上海的大姊來說，不過只是多了一份安撫遙遠思親的慰藉罷了，她這輩子仍然看不到自己的媽媽。母親後來果真抱憾黃泉。

記得那個仲夏夜晚，我們衝進加護病房，看到醫護人員正在忙著收拾氧氣筒、為母親的臉覆蓋上白床單的那一刻，我知道大姊的淚水也和我們一樣在另外一個空間滴著。滾燙的淚水紛紛淌落消失在純白的被單上，永遠探尋不著絲毫幽冥的軌跡。純白的被單終於變成了純白的輓聯，在偌大的靈堂中俯眺著劍蘭和海芋莊嚴肅穆環繞的棺柩。大姊在好不容易輾轉收到喪母的家書之後，我無法聽到她悲愴的哭喊，但是千辛萬苦從上海發來的一封悼唁短箋卻擲地有聲，即使僅僅是冰冷的電信印刷字體，還被兩根大頭針毫不起眼地別在輓聯的右下角落，我讀到的卻是撕心裂肺、肝腸寸斷的字字血淚；彷彿也看到了那個從未謀面的同胞大姊，正流露著和爸爸一樣……那種心痛如絞的眼神。

我不覺心緒益發激盪地把大姊對媽媽悼唁的電報，再次輕聲吟頌：

母親大人千古：
驚聞噩耗，南向嚎啕，遙祭娘親；
生未承歡，病未隨侍，殮未躬輓，
今日天人永別，此生叩拜無期。

淚水在重溫這段鏗鏘有力、撼人心弦的文句中仍不禁潸潸流下。

還記得我自小陪伴並代筆重疾纏身的母親，曾不斷在病榻上聽她對我細述著家鄉的掌故軼聞，以及一段我未曾參與的歲月。這或許正是身為老么值得慶幸、也值得感嘆的；但無論如何，我都比大姊享受了更多年的母愛。甚至我一直不敢去想：大姊一生朝思暮盼希望見到娘親的夢想，現在竟然徹底殘酷地被粉碎了！這也是我一直揣度：如果有機會跟大姊見面的話，我一定不敢觸碰的這個話題。

就是為了這份記憶中拼湊的眼神，四十年後的夏天，我成了我們在台灣全家第一個回到上海老家的人。在一九八九年的五月，我終於在上海虹橋機場見到了大姊，那是我採訪工作表現優異，得以自北京派赴上海音樂學院訪問音樂家陳鋼的機緣。此刻，我眼前的「囡囡」已經是兩個孩子的母親，誰看得出她的大女兒都唸法政大學了，唯有她風霜的臉上，依然隱藏著那一段過往艱苦的歲月。

四十年來她煎熬過文革時期的動盪，為了父親的「成分」被打成不能繼續升學的「反革命家屬」，也在外婆下放新疆逃回又遭到紅衛兵逼著交出家產被迫跳樓重傷後一起「掃地出門」。今天的她，依然能如此堅強站在我的面前，自豪地告訴我說：現在她是崇明島前進農場和自行車鈴廠的模範工人……，其中的顛沛曲折豈可言喻！

今天，或許我只是承繼著母親未完成的遺願和她在此地相見，但是對於她來說，我卻代表了一分失落已久的親情，更代表了「爸爸」、「媽媽」、「弟弟」、「妹妹」這所有的一切——這些盡是她自幼就從來沒有機會可以喊過的稱謂。淪陷異域、失親失怙失恃的心境最是絕苦悲涼的。與我一樣肖豬的同胞大姊出生在海峽的西方，我於十二年後出生在海峽的東方，兩人忽近忽遠、且熟且疏，究竟又是何番心情……。

為了母親過世前未了的心願，我好像是在幫母親的兩隻眼睛，去看看那個在一九四九年還只有不到兩歲大的姊姊。終於我們淚眼對望著，那是一九八九年，也就是整整四十年後，距離母親過世已經六年。

現在的我在西方的英倫里茲，她在東方的神州上海，還是一東一西。其實也真像哈爾濱和吐魯番一樣，一冰一火看似永無交集，卻照樣能夠東西呼應。

除了共同懷念的母親之外，我們姊弟就只能靠著相互關懷的思緒，在今天父母皆已亡故的多年以後，繼續面對遙遠的天倫夢想，雙向編織著那一經一緯的「地理」與「歷史」；因為，我們都深信彼此總會再有交集的一天。

一九八九年五月——在那遙遠的吐魯番，有葡萄乾和大馬靴

首次大陸行，不論如何我是興奮而雀躍的，其中的原因，至少有一個是替我自己思念的母親，親眼看一看她思念了幾十年的女兒。正好在五月的母親節後，大姊也早已是母親了。我總算如願，大姊也總算覺得四十年過去，第一次等到有至親回上海來看她，內心感到無比的欣慰，腰桿兒也挺得更直。這種心情讓我想到同在五月的吐魯番，我乘上老賓館外出租的小驢板車到市集去。那天午後，一樣無聊地讓

同行的人都睡在涼快的廂房裡，只有我頂著「火州」的艷陽跑出門。

我有點不好意思，第一次來大陸，自己真的連「驢」和「馬」都不會分，更別說「騾」了。混亂的情形如同小車伕的口音，有點北京話、有點陝甘腔，又有點維吾爾土音，也是混亂得教人聽著吃力。然而，因為載上了我這個新鮮的台灣客人，他看來很得意也很開心，主動帶我穿梭在巴札市集的一個個小攤小店間，自願幫我挑選甜度最高的「馬奶子葡萄乾」，還幫我向販賣「維族小帽」的老頭兒講價，後來也確實沒有多收我一分錢車資。我甚至還跑進電影院看看裡面正上映什麼打打殺殺的片子，讓小車伕在門口玩著檯球（撞球）等我。在摩肩擦踵的市場裡我買了兩把「庫車寶刀」，奇幻造形真像神話故事裡的道具。

小車伕陪我蹲在地上看老工匠磨著刀劍，師傅還細心地在劍刃上刻入一排我認識卻完全不懂含意的字：「新疆巴楚色力市亞阿自提……」。這種在劍刃旁題字的傳統可能來自阿拉伯，不過上面刻有維吾爾文、中文與拉丁文字母卻風格獨樹一幟。整個午後下來，起先我有點納悶為何他對我這麼好，為了我這區區幾塊車錢放著別的生意都不做了。他說他今年二十歲，快要結婚娶媳婦兒了；他的小毛驢剛要滿一歲，還是個不太聽話的「娃娃」。我只聽得吃力，他卻講得起勁兒，我們都樂在其中。後來，見到不少老闆紛紛央求他帶我也上他們的攤上或是店裡看看，不買沒關係的，只是因為從來沒見過台灣來的客人，大家閒話聊聊都好。我這才恍然大悟：其實我和他們之間，從生長的環境差異到生活的地理位置都稱得上非常的「遙遠」，但是卻產生了一種距離落差的好奇與美感。在這裡所謂的「遙遠」的確不像我的母親和大姊那般無奈。在母親生前與大姊是「台北」與「上海」兩地，因政治隔絕的「遙遠」；在母親死後跟大姊又是天人永隔、陰陽兩絕的「遙遠」。

其實我自己也嚮往台灣跟這裡新疆的「遙遠」，連義大利人馬可波羅旅行到中亞地區，都不禁讚嘆地說到：這裡的美就是因為東西方兩邊看過來，都像是「異鄉」，也像是「故鄉」。遙遠距離的美讓我對於他們明眸皓齒的長相欣賞不已、對於吐魯番葡萄溝的瓜果愛不釋口、對於天山的手工高統皮靴則愛到現買現穿。工匠會為你在鞋底釘上帥氣的洋鐵片兒，讓我直到現在，不時還都要拿出來踩踩響一響。這些是我「貴遠」的心情吧！和他們一樣，我這神州最東南的遊子，到了這神州最西北的鄉鎮，當年開放之初彼此不免在好奇之外，都有份特別的親切。

小毛驢兒的耳朵長長的，滴滴答答拉著二輪小板車時，好像還轉動聆聽著我們的對話。坐在木板橫搭的粗毛氈上，一草一物都在我與車伕間一問一答的口語中流逝。吐魯番這個遙處於天山東邊、五千四百四十五米的博格達峰南方的大盆地，誰能想像它是位於海平面一百五十四米以下的深處，竟然出產香甜的無籽葡萄與哈密瓜，還有整列沿著土路的白楊樹。七彩絲綢裝扮的婦女明媚動人，靜靜蹲在小水渠旁洗衣服，我的驢車經過，不揚塵土，倒揚起了她們一雙雙令人動容的眸子，靜靜看來多美。

我過去從學生到記者，多年之後，我又由記者變回學生，終於有更多的時間旅行，才能兩、三年間一下跑來西北、一下又奔去東北。如此「遙遠」的旅次，至少證明了唐人王之渙的〈涼州詞〉其實只說對了一半；錯的是「羌笛何須怨楊柳，春風不度玉門關」。因為現代的春風慷慨極了，它不再是中原漢土的專利，早已飛過遙遠的玉門關，處處皆得以遍賞古今羌胡垂柳的柔媚。

一九九一年一月——在那遙遠的哈爾濱，有窗花雪橇和華爾滋

住在嚴冬的「冰城」哈爾濱最令我看得入神的景象，就是在清晨由室內看出去的窗子上會結起了姿形各異的「窗花」。這窗花可不是用紙剪的，而是當室內的濕氣一旦碰上冰凍的雙層玻璃，便會在瞬間揮灑出潑墨寫意般的圖紋奇景。有山水、有人物也有花鳥，任由你自己去想像，它們可都是來自遙遠的北地寒風所送達的精心禮物呢！

由於天氣實在太冷了，每家店門口都用大棉毯與大透明塑膠布蓋在出入口，不過這對於整天得在河上載客的馬車伕來說是沒有差別的。他們早就像窗台邊擺放的福橘皮一樣，任憑凜冽來襲的風吹雪打。不忍心看他們站了一早上叫不到一位過江的客人，於是我招了一台「馬拉爬犁」，就是用馬來拉的冰上雪橇車。這位師傅教我坐在他身後的位子上，說這樣比較不受風寒。我們先照了張相，陌生使兩人都顯得很拘謹，隨後就開始迂迂迴迴地繞在松花江面上，那些結凍冰層較厚的特定路線才能走，朝向對岸的太陽島駛去。

東北馬個兒不高，卻有個奇粗奇響的蹄子。每當上坡或是雪薄見土的地段，我意會到馬匹吃力的勁兒，於是我總會自己跳下來減輕重量，但是經常滑不溜丟地給摔到雪裡。一路晃晃盪盪地前行，就像又坐在吐魯番的小驢車上一樣。車伕說：「反正不「趕趟」（趕時間），不必「上火」（著急），可以「白話兒」（閒扯）多「瞅瞅」（看看）」。他的普通話才一開口，我這從遙遠台灣跑來的遊子竟然沒有一句聽得懂。對於他口袋裡放的什麼「蘇聯大麵包」也令我看著那像是個「鍋蓋兒」的食物嘖嘖稱奇。遙遠的距離真是讓人見識處處奇特、事事新鮮呢！

哈爾濱又有雅號稱為「東方莫斯科」與「東方小巴黎」。由於這兩個遙遠的西方城市當年我恰巧都已經各去過兩次，因此目睹哈爾濱工業大學與中華東正教堂的建築，我確實像看到了莫斯科聖巴斯可大教堂的些許身影；但繁華的建設街市場與北方劇場大舞廳卻不能與巴黎的香舍麗榭相提並論。倒是在遙遠的「冰城」我還能看到舞池裡老少翩翩同樂的歡愉，甚至兩男共跳慢舞，以及用京胡與藝術歌曲伴奏照樣可以大跳華爾滋的奇觀。此情此景，仍然可以教人遙想繁華歐洲的萬種風情。

我想：這裡夠東、夠北了吧，再十個小時的火車，就到中蘇邊界黑龍江上的漠河極北村；正如一樣遙遠的吐魯番，再搭車轉機，也不消幾個鐘頭便能登上，中國極西帕米爾的巴基斯坦邊界紅旗拉普口岸了！我在這兩個「遙遠」的地方重新領悟了所謂「遙遠」的意義。其實，不論是因為彼此的「遙遠」而產生了人與人之間不自覺相注視的新奇美感；還是，因為彼此的「遙遠」而產生了人與人之間不得已相別離的淒愴悲涼，其實都是可以寬容並存的。正基於母親與大姊因為「遙遠」而遺憾一生的淒愴悲涼，才會把我在四十年後，牽引到了這個橫跨著台北與上海、歷史與地理交會的人生舞台。

我們姊弟可以因為思念同樣遙遠的母親而團聚，也可以因為欣賞彼此生命遙遠新奇的美感，使我們手足更加情深。這種感覺就像初到「火州」與「冰城」皆令我既陌生又熟悉，一樣隨處充滿著新奇的好感。

回顧這一切，直到今天雖然都早已是多年往事，卻仍然令我津津樂道、念念不忘。

後記

包括二〇一〇年為了看上海世界博覽會再去了一次大陸，我已經和大姊見過十幾次面了。徹夜的秉燭長談，讓我逐步走入了她「童年」「貧困」的歲月，也把相距「遙遠」的姊弟兩人所有的情感，都那麼平實真誠地找了回來。我終於了解，台灣的親人一直是大姊跟生命搏鬥奮發的力量泉源；而從我的口中，不論是「爸爸」、「媽媽」，還是「兄弟姊妹」，她首次可以如此真實地不必用想像，就鑲嵌出失落的童年。即使貧困的打擊、遙遠的寄望都曾經把她鞭笞得不敢思索，但此刻的她，還是和我一樣可以既美滿又愉悅地開懷大笑，不再害怕，沒有恐懼。

與大姊的多次相會中，有一次是在香港。

我們佇立在赴滬輪船的碼頭，陣陣海風夾著細雨，香港冬日的清晨不免透著寒意。船笛低鳴，我不禁自問：短短的相逢究竟是一次團圓的開始，還是另一個四十年無奈的離散呢？望著大姊提著行囊踏上出港的船梯，想想在二十幾個小時前，她才在啟德機場另一個擁擠的出口等待我的到來；尖沙嘴、銅鑼灣、虎豹別墅、廟街大排檔……。不是才留下我們同遊的蹤影嗎？現在我卻要在同樣激動的心情下，目送她登船離去。混亂的思緒中，不覺想起唐朝王昌齡〈芙蓉樓送辛漸〉的詩句：

寒雨連江夜入吳，
平明送客楚山孤；
洛陽親友如相問，
一片冰心在玉壺。

遠遠的維多利亞山在灰暗的晨曦中，遙矗在櫛比鱗次的摩天高樓後，雲層低壓壓地籠罩著。我總算看見大姊手上還握著我送她的新書在向我揮手道別。也許並沒有什麼洛陽還是上海的親友會問起我這個遠離父母家鄉的遊子，但是當我面對此情此景，我終於深信絕對有一種真摯不移的情感，將如置於玉壺中的冰心，永遠永遠也不會改變。

眺望眼前一片無邊無際的海洋，港滬客輪正在隆隆的駛離碼頭；大姊在人生的旅途上從遙遠的童年開始到現在這一刻都是孤單地來、孤單地走，也是這麼孤單地像一艘漂流在海面上的船，煎熬過最貧困艱苦的歲月。想想當年文天祥不就是被囚俘漂流在此地不遠處的海域上，他那份「惶恐灘頭說惶恐，零丁洋裡嘆零丁」的感觸，雖然是發自於大我家國的情懷，卻不意流露出古今皆然的孤獨落寞。人類至情至性的情感，彷彿只有大小之別，沒有時空的限制……。

「歷史」最可貴的就是在留給我們悲慟之餘，畢竟也同時超越「地理」限制留給了我們詮釋昇華悲慟的信念。

至於，造訪大姊最難忘的一次記憶，那是二〇〇五年相聚在上海長寧區愚園路的同仁醫院，她正哀傷地陪伴姊夫羅樹堃熬過加護病房重病最危急的一刻。我很慶幸自己並沒有缺席，尤其在父親也過世了兩年後的當下，意義又格外不同。

我們幫剛開刀拿掉了六節脊椎、大小便無法自理的姊夫換上乾淨的毛巾紗布，再與她的子女羅璋、羅蓉、女婿林金雄、還有姊夫的兄弟們一起，幫忙當時已經幾乎全身癱瘓的姊夫移高、翻身與按摩。我好像又回到了自己遙遠貧困的童年……，竟然超越時空，好似正與過去未得承歡膝下的大姊一起，在為我們同樣重病癱瘓的母親做著一樣的護理與復健。

她不吹當年上海時髦女性用髮膠烘得高高的瀏海，也沒有其他人隨地吐痰的惡習。我們走出醫院，穿過法國梧桐夾道的紛亂枝椏下，遠遠的市容標語寫著：「發展社會主義民主，健全社會主義法制」，就這麼些許突兀的高掛著。猛抬頭看得碧空如洗，破破的麵粉袋還勾在冬季乾枯的樹梢上迎風打轉，襯托出開闊的一如古西域與北大荒，分別在仲夏與隆冬都有的淨美藍天。

「叮叮——」飛快的自行車閃過我們的面前，一陣突如其來的車鈴聲讓我們倆驚嚇的手握得更緊。我瞥見這粗心的爸爸原來口中叼根煙在騎著單車，身後還用蘇州大花布纏揹了個胖胖的男娃娃。愈來愈遠的背影裡，我看到娃娃的頭愈晃愈歪到了爸爸背部的肩胛上，七彩毛線帽在娃娃的頭上晃呀晃地，彷彿在說：別吵哦！寶寶正打著瞌睡呢！我和大姊看到不由得相視會心一笑。

我有我們的老爸在貧困中帶著我騎單車上學的歲月、也有趴在母親病榻上晝晝或熟睡的遙遠童年；而現在看到這幕景象的大姊，似乎正順著我手中來自父母同樣的電流，正開啟一種自由奔放的冥想，落實出屬於她自己內心更真切的親情遐思。

「再見了！大姊！」

我心中默默地唸著。母親曾教我的那一首西班牙文歌曲「勿吝香吻」（Besame Mucho）開始排山倒海縈繞在我的耳畔：歌詞訴說兩人面對多麼害怕將會永遠失去彼此的一次離別，所以不要吝惜你的香吻、不要吝惜你的擁抱、不要吝惜說出你的愛。

是啊！以後在每一個像這樣清澈晴朗的早晨，我都會驀然回首地想起今天所有勾勒在海峽兩岸相隔相思的掛念與淚水；就像四十年來大姊即使歷經文革鬥爭和下放勞改最艱困的歲月，她也一直牢記著一件事——她把被掃地出門前剪下來的兩張母親的小相片，偷偷藏在自己最貼身的衣物裡，並且時時默默吻著貼在黑底紙片右下角自己手寫的四個字：

「親愛的媽」……。

此刻我只想拜託生命的巨輪暫且停止，讓我有更充裕的時間和心情，且細細品味這份「始終短暫擁有卻恒久感動」的情懷，即便他們連一個擁吻的機會都沒有。

我深信跳開四十年無情乖離的歲月，屬於這對隔海思念的母女，還有屬於我那內心深處的有情旋律，將從今天起繼續交響在海峽的兩端迴旋不止。

就算我依然分不清可悲的到底是大姊在故鄉睽違了爹娘，還是我遠離了爹娘的故鄉？時光流轉中，就不由分說地把一切交給了母親曾經共同教給我們子女的每一首歌，任憑它像精靈也似地流竄！流竄在每一個未知的過去、未知的現在、未知的未來。

晨曦丹陽——歲月長城

長城千萬里　歲月匆匆去
征戰黃土地　擂鼓急
長城千萬里　歲月匆匆去
華夏蠻夷狄　恩怨息
長城邊勒馬　我乘飛夢到天涯
故人在何方　徒留青塚向晚霞
長城狂風沙　別讓烏雲生白髮
歲月入夢鄉　把酒千古話
長城千萬里　歲月匆匆去

等閒少年心　空悲泣
長城千萬里　歲月匆匆去
散盡舊時憶　從頭起
長城萬里長　長城兩邊是故鄉
不要說心傷　今夜夢迴也斷腸
歲月千古長　長城年年映朝陽
歲月長城長　何處不故鄉

歸鄉之路

一九八九年五月這台晃動的夜車上，疲憊的我好像是個被釘在硬座木椅上的手把，絲毫的聲響、些許的光影都無法再令我好奇張望。不過，我知道在自己此刻漆黑冷寂的心裡，一直留著一盞燈——懸在全然陌生的這條通往父親出生的故鄉之路上。

歸鄉的思緒何嘗不像把燎原的火，燒得這京滬西行的幹線盡是辣辣顛簸。揉醒殘夢，魚肚白的天色襯出了滿車廂乘客那幅擁擠雜沓的翦影，要不是大姊死命幫我搶了個位子，我也必然正和他們共同組合著這幅扭曲的畫面。

拎著簡單的行囊步出江蘇丹陽火車站，大姊用上海話跟圍在站口的揚州三輪車伕商議到近郊橫塘的價錢，我則在初夏的清晨中哆嗦著襲人的冰涼。談妥一趟十五塊人民幣之後，我終於開始撐大惺忪睡眼，緊盯著這條更加顛簸又陌生的歸鄉之路。江南水鄉澤國的風土，在清晨中散發著一種獨特的魅力，水氣白淨淨四處懸浮在大大小小的泥塘上，遠處金黃稻田上的那輪鮮紅朝陽正驚鴻乍現。

擁擠的夜車在晨曦中初昇的丹紅太陽下抵達了丹陽車站，現在的我正繼續迎著晨曦中的丹陽前行，江北來的師傅把破舊的三輪車踩得吱軋作響，身旁路過的只有趕集的菜販與賣早點的擔子，沒人盯瞧巍巍的丹陽古塔，也沒人像我這樣，毫不遺漏地試圖拍攝記錄自己身旁的一切景物。古運河的石橋上鮮明寫著後來刻上去的「嚴肅活潑」四個字，這句話對於老祖先和在台灣出生成長的我來說，或許同感陌生的標語，就是我此刻近鄉情怯的心情——時而為自己早父親一步替他回到陌生的祖居老家而不免戰戰兢兢的「嚴肅」；時而也為自己聽了三十年老爸陳述的掌故之後，今日終於到此一遊，釋出了內心奔放雀躍的「活潑」。

回想爸爸的口中，江蘇丹陽是一個四個城門就有四種不同方言口音的地方，至於世世代代、生生不息的橫塘畦巷村則住著我們這群漢晉先民，因為五胡亂華而南遷的落難貴族。歷經動亂的年代，這兒並不都如桃花源般安逸的樂土，重稅、土匪、戰爭……攪亂了許多牽扯不清的愁緒；今天所留下來的，除了千百年不變的蠶桑農田外，似乎只有我這樣像幽靈游離在另一個世界的遊子，才會懷著父親用了上萬個日子在台灣從小為我鑲嵌的印象，如此歸鄉祭祖。

我現在終於更能體會，探望一位遠方至親的感動。

畢竟美國的四姊、五姊會冒著風雪，開上六、七個小時的車程到紐約州的綺色佳（Ithaca）來看我，正是為了代表爸爸給予我在康乃爾大學攻讀碩士的努力打氣。至於此刻，三年後的我，跨越海峽，只搭乘了四、五個小時的火車和上海的大姊一起回到丹陽，就可以探視在村裡教書的長兄，其實也是一樣在代表未能親臨的老父給予和林大哥一份親情的關照……。

父親對鄉里的關照並不只有我這位此生至今尚未謀面的兄長，當我們乘坐的三輪車行經更偏僻的農村時，大姊告訴我這條通往畦巷村的幹道正是爸爸匯錢回家鄉修的。窄窄的碎石路穿過油菜圃，延伸的處處皆是他老人家那一份睽違鄉里整整四十年無法割捨的愛，此刻正在眼前鋪展延伸到我即將探觸的失落年代。

勵精圖治展鴻圖

辭舊迎新創大業

當車子停在這幢貼著對聯的四合院前，我從水泥柱上粉筆寫的「畦和林」三個字得悉——「我的家」到了！陌生中的熟悉讓我撇開了連夜一路舟車勞頓的心情。

那是誰家貪玩的孩子呢？才清晨五點多就一個人跑到門前乾草堆上玩耍。冷冷的風吹著我手上包裹禮品的塑膠袋嘩剝作響，這約莫三歲的娃兒手中握著條細細的長線，另一端則綁著一個同樣由嘩剝作響的膠袋做成的克難紙鳶，竟然也跟著他的手就在相互拉扯呼應中協奏出清晨單調的旋律。

「小布希（布什）！快來叫叔爺爺！」大姊對小孩大聲喊道。

「他從台灣回來看你們的哪！」

「快去喊你娘、你爹，告訴你爺爺：你上海姑奶奶、你台灣叔爺爺都來了啦！」

「小布希」——正是丹陽人稱「小孩」的方言，老爸在我們台灣五個兄弟姊妹小的時候也曾這樣喊、這樣罵，令我不禁咧嘴一笑，美國總統老與小布希（布什）聽到不知作何感想。但沒想到，眼前我這寶貝姪孫似乎無法一下子排列組合、意會清楚這麼多，什麼他的姑、叔、爺、奶——嚇得他夾著開檔褲穿過我們跟前，衝去推門就跑，還一路哭著呢！內地「一胎化」的這一代，自然早已經完全不能理解，我們擁有一大群兄弟姊妹的感受了。

蠶桑纏綿

顯然三天前我在北京發的緊急電報大哥並沒有收到，鄉下的通訊聯繫在當年仍然相當不便；難怪清晨的老宅還浸在恬適的熟睡中，紅白粗格的棉被也搭在樓外晾著。我們跟著竄進屋裡的小布希跨進小小的主廳，這邊沒有祖先供台，也沒有香燭果盤，只有一張斑剝的木桌和一輛粗粗笨笨的自行車。我忽然覺得耳旁一直有一股形容不出的聲音迴盪在四周……

「咩咩咩……咩咩咩……」

信步走進兩旁更小的廂房，我差點叫了起來！原來在一個個舖滿鮮綠桑葉的圓兜兒型大竹盤裡，攀附著盡是胖白滾滾的蠶寶寶。成千上萬隻「蠶食」共鳴交響的樂聲，在寧靜的清晨是如此清晰悅耳——這是我過往從未聽過，甚至無法想像的情景，而此刻盡任其鮮活的生命力緊緊扣住了我的心弦，無法挪動腳步。

大嫂從廚房的爐灶旁走來，大哥也和著衣襟親切招呼，從他不敢置信的眼神中讓我更加體會到大家確實都沒有想到——兩兄弟此生竟然會有這麼不期而遇的一天，比他小二十四歲的弟弟居然會出現在他丹陽鄉下的家裡！大哥告訴我，當他得知我在大陸採訪的空檔可能湊出半天的丹陽之行時，他們是如何興奮而熱切期待著，就在久無音訊之後我又突然出現，真是如夢似幻，教人喘不過氣、回不來神。我心中情緒激動，也顧不得手裡捧著帶來的煙酒糖果到底該放在哪裡，只是隨手擱在桌上，就緊緊握住大哥粗糙厚實的雙手，任憑「小布希」躲在遠遠桑綠的角落，用他那蠶蛹般純潔的淨白偷偷凝視著我們。

大哥帶著我繼續走在畦巷村裡，環顧咱家的老厝，爸爸三兄弟分了家，一人隔著一塊。大哥因抽煙而焦黃的左食指在益發青藍的天空中比呀比、畫呀畫的，告訴我哪一間是我們爹爹承繼的祖產，又何以如今悄然毫無聲息地深鎖廢棄在跟記憶中一樣塵封的角落……。我只是漫不經心地從昔日雕琢精巧的木窗空格間，盡想窺透進這一如「桑」之於「蠶」的老屋，遙想它曾經如何同樣地庇護養育過我們老爸的童年。

姪孫「小布希」怕是怕，跟也還是要跟的。他是不必去解釋現在站在他爺爺旁邊的人是誰，只在乎這個陌生人帶了很多糖果來。父親的童年、大哥的童年和我的童年應該也都是這樣子走過來的，除了等待糖果，大哥還有一片父母親般的鄉土陪伴著。他如果像是趴在老家桑梓裡咀嚼嫩葉的蠶，我則是個流落在屋外，直到今天才嚐到了家鄉第一口甘甜桑葉的蠶。

鄰舍旋動著長長的木輪板，盡把油菜籽打得沙沙作響，這番江南農村的景致，交織著雞、鴨、鵝、豬的穿梭，樸質得真教人心動。我們沿路走著，烈烈的艷陽已經灑滿了全村，好奇的鄉民總在巧遇的田埂邊，問著我們兄弟千篇一律的問題——

「這是誰哪？」

「啊！你弟弟啊！」

「你爸爸什麼時候要回丹陽來看看啊？」

我也碰到一位和父親年歲相仿的長輩，說是爸爸兒時的玩伴，曾一起踢球、爬樹什麼的。歲月的刻痕似乎更眷顧著他，配著藍色的列寧裝益發顯現龍鍾老態。時隔幾十年、人隔千萬里、生命的際遇南轅北轍，將來如果有一天他與我的父親兩人重逢，將自是一番百折千迴、難以言喻的心情。

現在，「小布希」似乎已經不再怕生了！他開始會有意無意地用沾滿糖紙上甜甜黏液的小手指拉著我，也跟我一起仰望著這位在整個畦巷村裡最年長的白髮老公公。流逝的光陰好像瞬間在此停頓了幾個世代，我們終將一代又一代這般循環無止的生生不息，而此時此地唯有我們這老少四個人所交會的八隻眼睛，才能領略出那一份橫跨著四代光景中，傳唱不朽的生命旋律。

走到大哥服務的小學校園，裡面只有一片小小的空地，沒有溜滑梯、沒有盪鞦韆，當然更沒有我們台灣孩子最愛的電動玩具啦。學童們在等待清晨開課前的這段時間，不必在教室內自習，而是在操場上相互追逐喧譁，再不然就是在窄窄的走廊瓦簷下跳著女生橡皮筋的遊戲。大哥把他擔任導師班上的四年級小朋友們全召集進教室來與我合影。他們的笑容映在牆上刻板的標語旁仍然顯得那麼純真自然，一條條頸上繫的丹紅領巾襯在一個個小巧細緻的臉蛋上，像極了窗外正和煦溫柔於晨曦中若隱若現的丹紅太陽，令人怦然心動。

荒煙祭祖

我從教室內黃灰色的牆上看到他們全班所有同學的名字，也忘了問為什麼朱砂筆墨在每一個名字旁做了長長短短不同的記號，我只是不自覺地被那些名字所吸引……「眭志文、眭美玲、眭容……」一班三十幾名學生當中，竟然超過五分之四都姓「眭」。我這從小在台灣、現在又到了大陸，處處都被視為極其稀罕的姓氏在這裡並不稱奇。內心的感動忽然好強烈，也第一次那麼具體的感覺到在這江蘇丹陽橫塘的眭巷村裡，世代保有著我與歷代祖先之間一份如此不能割捨的血緣親情。

畢竟我摸索不著千百年前他們如何或為何，從河北趙縣的眭家營輾轉播遷至此？甚至這樣的推測我還必須靠東漢許慎編纂的《說文解字》一書中，找到先人於周朝以侯爵大夫受封於今河北趙縣之眭、睦、睢三地的線索才得知。一直讀到南唐李後主李煜派駐北方的全權大臣眭昭符，如何不願接受亡國之恨的宋朝俸祿，而將親族大舉南遷至江蘇丹陽，成為今天眭姓聚落主要橫跨遍及晉、冀、江、浙、贛、皖、湘、川等八省中，最大的眭姓村鎮。至於，有趣的是今天我們輾轉到台灣來的眭氏族裔，竟然發現應該要回頭去找最早也最完整的康熙字典裡面有八種完全不同的讀法——最早的唐韻許規切（許），以及後來的涓惠切、戶為切、攜、觽、恚、倠（睢）、桂。

爸爸告訴我說：籍貫江浙一帶世世代代的祖傳讀音都是唯一念「許」，但是河北趙縣念「崔」、江西安徽念「西」、湖南念「書」、四川念「虛」……，到後來兩岸新字典裡簡單節錄的卻只有一個讀音「雖」，並沒有把我們各地破音字（多音字）的念法完整收錄，難免聊備一格地對待一個一般人幾輩子都用不到，我們卻天天念，必須使用的這個來自先祖傳承的姓氏符碼「眭」。

說著說著我回想起了父親跟我聊過好多家鄉其他的事——我們的奶奶端木氏待人慈愛，當年裹著小腳曾靠通靈的水牛低下牠的犄角讓她踏過溝渠？以及我們的爺爺眭文灝飽讀詩書在前清就考中過科舉，繼承眭氏十八代執教的私塾……。這些地方今天不知道都是在哪裡？——不過，就是在丹陽——祖先、爺奶與父親共同在歷史興替的滄海桑田中，為我永生烙印下一個如此獨特的姓氏，也讓我這遠方歸來的浮雲遊子，能如此有幸隨時觸碰得到與遠祖一脈相承的淵源。

我的姪女——建玉（「小布希」他的娘）剛巧扛著一根細細的扁擔從校門口經過，兩頭吊掛著大把鮮嫩的矮灌木大桑葉，沉甸甸的重量在她隨著晃動節奏亦步亦趨的行進中上下顛搖。每一片桑葉都是家中那群蠶寶寶最心怡的期待；至於此刻的我，期待的又是什麼呢？重重的扁擔我挑不起，沉重的心情倒是把我深深沉浸在追緬的思緒裡。

「來！快過來叫「爺叔」（「叔叔」的鄉土語）！」大哥對女兒建玉大聲喊著。她也才比我小兩歲吧！難怪愣著雙眼硬是喊不出口。還好「小布希」打開僵局，向他媽媽炫耀口袋裡滿滿的糖果，建玉這才害羞地低聲問候，然後又扛起桑擔火速離去。晨曦灑在她粗布對襟短衫的背影上，隨著玉黍蜀與稻浪在她勤奮的腳步中搖擺。我彷彿見到了每一個村里中世世代代默默無聞的婦女——她們孕育了這片母親大地，也餵養了我們。

就這樣東走走、西看看，朝陽已然當頭化成烈日，時間迫近正午，我知道自己所能留在丹陽的時間已經愈來愈有限；但是，以我們工業社會習慣的緊湊節奏，想去催促悠閒的農村生活方式，卻是另一件我也不能隨意改變的事。等到一切供品、鋤具準備妥當，兄姊、我與「小布希」終於朝向爺爺奶奶的墳地出發。

汗水在日頭當午的炙熱中揮灑著，荒煙漫草把我牽引回到了更古老的年代。我和大哥拿著鋤頭、鐮刀劈斬雜草亂枝，好似在尋訪一塊幽冥中被遺忘的靈秀。我儘管理解慎終追遠在大陸農村不可能像台灣同樣周到，不過還是忍不住對湮沒殘破在生活與記憶裡的祖墳一掬傷心之淚。

前朝庠生大學士
眭文灝公
眭門端木氏
一九八三年四月六日

這是我爺爺奶奶墳碑上鏤刻的紅字，撥開雜草，這些字跡對我就像在漠北大戈壁上發現了「居延漢簡」一樣的珍貴。汗水與淚水霎時匯流在無數個生命飄渺撞擊的宇宙，如此遙遠地無聲無息、無影無形……默默地傳承生命之後，只能讓我在此時藉著那個，也是如同我們的姓氏一般烙印在墓碑上的符號，幫我抓住一絲已經永遠塵封的歷史。

我和大姊把上海親友帶來的飯菜，配著香燭祭供在石碑前，大哥則把難得收集來的錫箔放在乾草上燃起了熊熊烈焰。我在祭祖的過程中，特別代表四十年離鄉尚未返抵老家的爸爸，對著墳碑叩頭，行上大禮。火紅的烈焰與濃綠的乾草襯著淨白的晴空，交織的恰是一種內心無聲的吶喊、無力的掙扎。我忽然想起小時候無聊偷翻老爸的抽屜，竟然在墊著報紙壓在最底層的地方，翻出了一張爺爺寄給爸爸小小頭像穿著藍衫的照片，還有一張爺爺親筆手寫給爸爸的信紙。這是我這輩子第一次看到爺爺寫的字，單單從紙張的品質就可以看得出來，那應該是寫在大陸隨鄧小平改革開放之前，物資較為缺乏的年代。爺爺用的是毛筆，益發顯得字跡秀逸，隨著乾乾澀澀的墨汁飛白在文情並茂的字裡行間。

君實吾兒如晤：

頃獲汝在台之住址，特發此信。

數十載一別，恍如隔世……

我才讀到這裡，淚水已經滲滿雙眸，教我沒有辦法繼續看下去了。我無法想像一對至親遙隔天涯海角、音訊全無幾乎將終老至死，卻在老父的遲暮晚年驚得孩兒遠方的地址……。你要他老人家如何在糾纏的心情中，勉力下筆寫出這封信？如何在封閉的年代中，躊躅猶疑地投寄海外轉交出去這封信？又如何在緊接數著無盡的晨昏煎熬中，等待這封信件的回音？

爺爺看似莊嚴鎮定的文句中，隨處盡是滾滾洪濤下深藏的暗礁，排山倒海的悲愴翻攪著整個阻斷音訊的海峽汪洋。端正的字跡並不因文房四寶的鄙陋匱乏而失色，含蓄情懷流淌出抑鬱隱忍悲喜的剛毅，讓每一個字既有溫度又有重量，讓我這此生無緣得見他老人家的孫兒小輩，都在那平緩謙恭的字裡行間感動得涕泗縱橫。

我把這封信影印了下來，護貝好，也壓在自己書桌大抽屜裡墊著報紙的最底層。或許，我們這祖孫三代的都是么子的身上，也都這般輪迴壓墊珍藏過一樣的心情。這也是我身為么孫唯一所能做的事，就像現在祭祖的過程裡，我也僅能以此薄酒獻上告慰先輩的甘醇。

走在回家的路上我向大哥提議，待會兒一起到鎮上打一通長途電話給台北的爸爸好嗎？於是就在享用了哥嫂全家上上下下、忙裡忙外地殺雞揀菜準備的豐盛午餐後，我和大哥一人騎了一輛單車，又是這麼晃晃盪盪像個桑擔般，從畦巷村搖晃地騎到了橫塘鎮上。兩人車行經過老爸匯錢整修起來的那條道路時，我們不自覺地對看了一眼，會心而笑。

抵達當年一九八九丹陽橫塘鎮上唯一的公用電話亭，原來就是一座在小郵電代辦所裡面的老話機。圍繞在代辦所兩側的盡是些小攤小店：有修單車的、補漏氣輪胎的、賣水果的，也有各種水泥供應站、零件廠……，頗有份欣欣向榮的工商氣息正在小鎮裡蘊釀萌芽。不過，最傳統式的單車冰販也同時存在著——我癡癡望著對街這名小販拿著小木塊，在土式冰櫃蓋上敲敲打打著辟啪作響的節奏招徠顧客，大哥以為我口渴嘴饞想吃，早就三個箭步跑去幫我買了一支。接過烈日下已經開始溶化的冰棍兒，我自然了解：甜在心裡的遠勝過含在嘴裡的。

對郵電代辦所而言，等待就是等待。對我們這對初次見面的親兄弟而言呢？等待卻是四十年分隔等待相見後，再一次的等待。終於，電話總算輾轉由南京、鎮江的國際線路接通到了台灣台北；不過，電話彼端傳來的卻是：

「您好！現在沒有人接聽電話，請在『嗶』的一聲音響後，留下姓名、電話，我們會儘快和您聯絡的……『嗶』……」

台北家裡的留言答錄機從大陸的話筒聽起來，還是一樣清晰，倒是我難得真正仔細去感受這些字句的意思。畢竟，對丹陽大哥而言，這是他生平第一次打國際電話，自然也是第一次透過電話答錄機接觸到了台灣這外面另一個遙遠陌生的世界。與大哥四十年未曾謀面的父親不在家，其他家人也上班上學去了，我們兄弟倆在丹陽會面又祭祖的心情，如何能藉著留下姓名、電話取得一份超越海峽阻隔的情感聯繫呢？徒然益發攪亂了我們兄弟此刻欲言又止、忽靜忽動的方寸罷了！

騎呀騎！我們不發一語，也許各自在懊悔剛才電話裡僅僅留下了兩、三句客套的檯面話，也許共同在遺憾於那條空中的訊號線路，並沒有傳來老父的聲音，不然超越空間，父子三人團聚在兩個話筒旁將是多麼令人滿足快慰的事啊！老爸就是串連我們兄弟心中那一座親族血脈的歲月長城，歷經多少漫漫長夜夢迴的思念斷腸，終於也隨著那「嗶」的另一聲休止，平息此生一切風雲擂鼓恩恩怨怨。

才騎到村裡家門口，鄉民雇來的拖拉機早已經在那兒等候多時了。是的！該是我出發回上海的時候了，在眭巷村百十雙眼睛的送行中，我只在找著兩雙眼睛，這是我到大陸採訪一個多月以來一直想看的眼睛——大哥和「小布希」的眼睛。

大哥是我這一輩的長子，「小布希」是他那一輩的長曾孫，在父親的面前他們都是一個比姓氏烙印來得更為強烈的感動與思念。「小布希」被媽媽抱在手中，他入贅的爸爸眭秉昭站在一旁招呼。

「小布希」慧黠的眸子裡沒有大哥多情多感的眼神和淚水。

對他來說，生命的聚散離合、人生的哀苦情仇，現在暫時只是他腳上那雙懸在那兒，穿了又掉、掉了又穿的舊拖鞋；也像他吃了一半掉在地上的糖果，難免有人棄之不顧，也有人終生敝帚自珍。但歷經數十年歲月摧折的我們，既不忍恣意拋棄遺忘，也無法奢求久留珍藏，只能在遇到人生任何一個可以親愛輕啟的角落時，就盡情去感動、盡情去流淚，也盡情但不盡快意地去表達——完全像是那「嗶」一聲就開始，總要逼人強迫留話的答錄機一樣；也總是啟動與結束得都太為莽撞唐突。

漏夜奔喪

輕輕闔上濡濕的雙眼，我在笑語中緩緩離去，拖拉機隆隆的震盪再度搖晃顛簸起我快要無法勝荷的思緒。代表老爸返鄉的任務，今天這一次我算是達陣完成了。但是，方才答錄機的陰霾卻仍然盤據心頭。答錄機好像快停了！快停了！真的！這次是真的快停了！只有三十秒的留言時間比我採訪的新聞稿還要難寫，因此它每次總是停在不是段落的段落，嘎然而止……。

誰知道就在一九八九年五月首次回到丹陽的十六年之後，那個同樣的答錄機竟然也播放出了：我那和林大哥的生命已經告一個段落的留言。從台灣旅居世界各地多年的四名兄姊紛紛打電話與我商量，決定由單身無牽掛的我代表弟弟妹妹五人即刻出發，從英國兼程趕赴中國江蘇丹陽奔喪。我又一次做了「代表」，也又一次治著老爸這座「歲月長城」向前走。這次是代替他老人家再度回到他出生的家鄉，丹陽橫塘畦巷村。為的還是我們子女心中連結的「歲月長城」，也就是父親大人，已在兩年前高壽往生，如果我們這一輩沒有任何一個出生在台灣的弟弟妹妹，親身前往弔唁長兄的殯儀，將必然會是令爸爸非常遺憾的事。

特別是對於老父的在天之靈而言，儘管我們與和林大哥算是同父異母的手足，表面上似乎不如與上海的同胞大姊來的親；但就算是為了父親的在天之靈希望看到我們下一代相互友善慈愛，我就不應該害怕兼程趕路的辛勞。更何況十六年前我就是第一個回丹陽見到大哥的弟弟，期間又在上海和丹陽再與大哥全家歡聚過兩次，怎麼可能沒有感情；因此，其實不用他們說，我也決心想要「陪著老爸」趕路，跑這一趟。

問題是，基於現在大陸鄉村下葬不占耕田的規定，炎炎的七月間屍體無法久放，即使打了防腐劑最多三天內也一定要火葬，因此就算我搭國際航班，飛奔過大半個地球由歐洲西陲的英國趕去，可能也見不到大哥遺體的最後一面，只能上香叩個頭而已。「別管了！」我拋開一籮筐瑣事的顧慮，既然決定了就出發去試試吧！

偏偏剛好上海大姊的家裡也遭逢巨變，樹堃姊夫正因前列腺癌由脊髓移轉造成壓迫神經，頸椎以下正漸漸凍癱瘓，面對生死關頭進行開刀手術之際，不可能有任何人能在內地幫我問火車班次等事，或是陪我同行。我還是「別管了」，一到上海浦東新國際機場就往磁浮列車衝，才知道太晚了已收班停駛。於是我轉搭長途巴士、地鐵外加計程車，一路衝到了上海市區的火車站，門外我先向幾個計程車司機快速詢價包車到丹陽的可能，另一腳則已經跨到快要拉起簾子結束營業的售票口，欣喜若狂地買到再五分鐘就要開走的末班往南京列車。依照以往旅行經驗，問妥丹陽站必須下車的前後站名與預計抵達的時間，火速跳上車廂，這才驚魂甫定的用手機漫遊，打給丹陽的親友準備半夜三點五十分接我。

這一路上，我可真把這十六年來在全球自助旅行單打獨鬥，所淬練的行腳功夫發揮得淋漓盡致。為了怕睡過站，特別把先前準備妥當的鬧鐘調到三點半鐘，可是一路上還是不安穩地睡睡醒醒。一下子到了蘇州、一下子到了無錫、一下子又是抵達常州，站站逐步迫近父親出生的老家丹陽，就只怕一覺醒來如果發現已經長驅直抵了鎮江還是南京，那豈不整個行程前功盡棄！鄰座的乘客為我這驚弓之鳥，一路翻動張望厭煩不已，我的心裡還是一句話：「別管了！」

從來沒有想過二〇〇五年最後這一次，竟然會在這樣的情形下又回到丹陽。

雖然下了火車，已經在江蘇句榮做鄉長的姪輩國榮等還是親切地來接我，我也發現丹陽的通訊與交通都早已突飛猛進，但是坐上計程車趕去畦巷村依舊顛簸搖晃的小路上，卻翻攪著另一缸五味雜陳的心情。

當年我和大哥不是還曾悠閒地在這條同樣的路上，騎單車去鎮上找長途電話機嗎？東轉西轉的麻煩得要死，不像現在人手一機通訊便利無比，丹陽也早已轉身一變不再種桑養蠶，而成為全中國眼鏡製造行銷的最大生產集散地，高樓大廈也是美不勝收。十幾年間轉變這麼大，如何能讓身旁那些一個個都已經長大讀高中、念大學的「小布希」們了解：當年我們兄弟倆一起去找電話的溫馨與遺憾；更不用說又如何讓他們了解我的爺爺，也就是他們的太祖爺爺，畦文灝老人家在那個更為封閉保守而困頓年代的情感與思緒——他老人家只是想卑微地把隻字片語，傳遞寄送到一個遠離丹陽故里遙居海外，後來至死也未能再於此生重逢的么兒子畦立生，也就是我爸爸的手上……。

車子進入畦巷村，只見四、五點的天色微亮，東方已泛出幾絲滾邊渾白，水塘上仍然像多年前飄著靄靄的霧氣，護衛著我這如夢似幻的江南水鄉。國榮告訴我：現在這些池塘都已經開放給私人承包，而他們做子女的幾家人，事實上也早就移居橫塘的鎮上樓宇中，畦巷村裡的老家平常只有我大哥大嫂不肯遷走非要住在那邊，因此這次的靈堂特別設於他生前起居屋內唯一的廳堂裡。

我穿過滿布雜草的院落，見到主廳由布幔前後隔為兩進，地上鋪著乾黃的稻草。我在第一進的靈台前先向大哥的照片與牌位上香獻祭跪拜，此時只聞布幔後婦女們的哭聲嚎啕，不時飄出追思焚祭的縷縷輕煙。跨到第二進的停棺處，我攙扶起大嫂周勤，我們的淚水全部都潰堤了；尤其我瞻仰靈柩在棺木上緣露出了大哥如此蒼白消瘦的面容，更像支鋒利的釘錘一吋吋地敲進我的心裡。

姪女建玉也蹲在一旁焚燃紙錢，當年紮著兩條長辮子扛著桑葉扁擔的她，現在是個體態豐腴的婦人，謹守村內由女眷持續哭靈的傳統，跟她母親兩個哭得幾度昏厥。隨後我走到院中稍坐，陸陸續續有許多從各地趕到的親友，我幾乎沒有一個認識，但是當他們對我一一訴說：「我是眭書林啊！」、「我是眭熙林呀！」……，我才依稀從當年展讀爸爸與大陸聯繫的信件中，拼湊起了這一個個陌生又其實記憶猶新的名字。

此時就在旭日升起之前，院落的蚊子對人的攻擊煞是猛烈。可能因為私人承包後水塘的衛生沒有顧好，也可能是這間大部分房間閒置的故宅，叢生了太多雜亂的植物，總之即使我穿著長褲的雙腿依然被叮咬到無一吋倖免的地步。於是，我再次「別管了」，任由蚊子牠叮牠咬的，我的心裡盡是鬆了一大口氣。原來我不僅在大哥出殯火葬的清晨六點前幸運及時趕到，還意外地又再次代表了已故的老父，在這個他九十二年前生於斯、長於斯的村里故土上，見到了他那一輩與我這一輩所有的親友們。若不是因為訂在今天的喪禮，平常的日子甚或……此生，我們都是絕對不可能見到面的了。

旭日丹陽初升，晨曦又再度瀰漫丹陽縣橫塘鎮的畦巷村。

高舉著出殯前行的白幡一路打顫飄盪在沁涼的微風中，我們穿過了大哥生於斯、長於斯，甚至死於斯、葬於斯的每一條巷弄田埂，也穿過了他曾終生奉獻執教的學校。水塘上漸漸拂散的霧氣，讓波紋疊映出參差晃動行進的送葬隊伍，晨曦裡丹紅乍現的太陽也把每個人的身影拖曳的黑黑長長、綿綿不絕。此際親友們正為大哥在他熟悉的村舍間，進行著人生最後的巡禮——他此生晚年一直守著這裡不肯離去。

大哥生前除了因為我在南美洲的三姊接出了他的長子建榮，也就是我老爸的長孫，辦好移民到哥倫比亞首府波哥大開了餐館，他曾去那裡小住過以外，我們畦家三代中也只有和林大哥一個人，天天代表我們四代畦家的人，望著晨曦中升起的旭日丹陽覆滿了畦巷村的每一個溝渠水塘，閃現金光。此刻六點半鐘，又是晨曦丹陽覆滿畦巷村水塘的時候，也是我在十六年前首次返鄉跟著大哥一起走近爺爺祖厝的時分。我還是當年那個老想透過木窗隔縫往裡瞧，藉著灑進室內的陽光探看祖厝故宅端倪的小青年，隱約只見……現在的大哥左手仍舊燃點著雲煙紅塔山、右手捲著教書的課本，套著一件深靛的素雅藍衣，正輕移他清瘦含笑的身影，怎麼像極了我們的爺爺寄給爸爸的那張同款素雅藍衣的老照片，他彷彿從爸爸和我的抽屜底層裡，翩翩走了出來……。

送葬的隊伍抵達了剛剛擴建完成的丹陽最新火葬場，場方特別為我們安排了全新初次啟用最先進的電腦火葬設備，還大聲問：有沒有人要跟著進去送最後一程，也能看到至親火化的完整過程？親友中居然沒有一人搭腔，只有我不假思索地即刻直言應允代表。就這樣，工作人員在密室火化的同時從頂端，特別為我一個人打開了扇小小的鐵窗，我竟然成為所有參與出殯的隊伍裡，唯一目送和林大哥的軀體走完今生今世最後一段路的親人。

老爸彷彿也在我的身邊，一同目睹。

親見烈焰按鈕開啟的燒灼瞬間，人類皮相軀殼漸次化為灰燼的這一幕實在太震撼了！是不是跟《紅樓夢》說的一樣：人生「完了事了」都將遣去濛鴻太空，或是再回到青埂山下繼續做那顆五蘊不悟的多情頑石。至於這個皮囊嘛！就再也「別管了」，依然當下放下，清淨自在無需罣礙。

諸法空相畢竟不生不滅、不垢不淨、不增不減，就當借用過的臭皮囊在火化之後又瀟灑歸還於天地之間罷了！只是當人們來到這世界，各自認份地走完這麼一遭，到最後僅僅剩下灰燼撿拾入罐之際，不免會自問：自己這一生到底經歷了什麼？又留下了些什麼？——大哥留下了二子一女以及六個孫兒，還有一群作育英才的學生，外加一個跟我們老父一樣倍極哀榮的葬禮……。那至於我自己呢？

我走到窗前看著晨曦中丹紅的太陽，淚水閃爍著朝霞殘落的光影，跳動在我起伏不定的瞳眸中，這一刻我已經快要不能再直視這一輪晨曦丹陽了。我比和林大哥年少二十四歲，卻在陪伴他走著人生最後一個場景的當兒，想到一些每個人遲早都得要面對的事。我相信這一刻自己多情多感的眼神，必定是來自我的爸爸和我的爺爺，這絕對是他們了悟一生之後，不約而同留在這個世界上沉潛轉化給我的。

現在，即使晨曦不再、丹陽卻依舊，愈來愈熱烘烘的烈日益發顯現出蓬勃的朝氣活力，強光映照在外面那群正等待火化完畢的晚輩身上，我也過了好久，才依稀認出來哪個是當年牽著我的手吃糖的那個「小布希」。哇！他名叫「眭志俊」，都已經在南京就讀全國重點大學了！原來這次他早就大方地過來跟我說過好幾次話，不像小時候那麼害羞；這次反而是我靦腆地認不出長大後的他了。

當一代接著一代，只傳承了祖先同樣奇特姓氏的一群年輕孩子也長大之後，他們還是會像「小布希」一樣，讓我認不出來，當然也可能根本就不認識我、也不認識我的老爸、不認識他的曾祖父……；但是，他們不但將與我們祖父子孫代代，繼續永遠分享一個同樣稀有的姓氏，也會在更耀眼的晨曦丹陽中分享那種同樣多情而多感的眼神。至於我，在此生將留下什麼呢？除了把父母今生所有留下的遺憾，一個一個去嘗試彌補或努力實現以外，我深信自己與每一個具有同樣多情而多感眼神的人，將會在每一個同樣起落不止的晨曦丹陽裡，透過我所留下的文字跨越時空，咀嚼出同樣多情多感且悲憫開闊的胸懷。

翻開當年的筆記本，那是我在一九八九年首次從父親出生的丹陽橫塘畦巷村，離去時的火車裡所寫的，我在上面寫下了這麼一大段話收尾：

數十寒暑朝夕
恍如隔世一晲
誰讓青春盡付哀戚
誰憐真情全傾淚雨
即使今生已然無緣重聚
悲憫胸懷　情同兩地

唯有那起落不息
晨曦丹陽　丹陽晨曦

跨越時空無邊無際
縱橫陰陽不悲不喜
放眼七彩千里朝旭
昂首八方萬丈虹霓

溫柔多感　儂本多情
世代悄悄深藏心底
你那一襲素雅藍衣

至今二〇二四已三十五年，這超過三分之一個世紀悄然過去了。翻看著當時的字跡，我依舊能夠清晰觸及到那一刻心弦波濤洶湧的悸動。上個月接到江蘇丹陽縣城打來的長途電話，原來是「小布希」的爸爸。他告訴我呢，他的「小布希」眭志俊要結婚了，問我這個當叔爺爺的「能不能來參加他的婚禮，當主婚人」？

對我在天上的爸爸來說，曾孫輩都要結婚了；那可不是重孫都快要有了嗎？少年離鄉的爸爸要是知道這個好消息，真不能想像他老人家會有多高興呀！身為他最小兒子的我，在傳宗接代這一方面已經是趕不上指標進度了；但是我突然才發現：我的旅行卻像是幫老爸構築了一座綿延無盡於全世界天涯海角的萬里長城……。

當年他把一條生命的長城從丹陽建到了上海、又從上海建到了台北；而我在後來的歲月裡則兩度幫爸爸把這條長城再次連結回到了上海，並且代替他踏上了四十年後遙遙漫漫的歸鄉之路。甚至隨著旅行採訪的腳步，我也無形中乘著夢想的翅膀走遍世界，又飛到了不同的國度，幫爸爸「完成」了他在戰亂流離的顛沛時代，以及他在我童年擔負家計的貧困煎熬下，那些一個又一個他此生想過卻不及、或是他曾經連想都不敢想去做過的「夢」。

原來我們人的一生都是在建築一條——或長或短、有高有低、且悲且喜、若即若離、似真似幻、感怨感恩的「歲月長城」。有的上下縱橫子孫開枝散葉，也有的無遠弗屆悠遊世界。最可貴的不只是一條條「新的長城」將又廣又遠、無窮無盡地永續接力延伸下去；還有更多真情真意、至善至美的一條條「『愛』的長城」，把人性最可貴的情操價值圓融滋潤、體現分享出來。

一如我們深信：歷經過幽暗迷離徬徨無助的黑夜之後，必將高掛藍天的晨曦丹陽。

陪老爸走一段
——溫柔的角落

每個人的心裡都有一個角落
隱藏著我們碰觸不到的溫柔
每個人的生命裡也有一個角落
堆放著我們今生載不走
又捨不得丟棄的溫柔

別人的角落裡也許沒有過
從來沒有過我的夢
卻有一種　春花秋月柳綠楓紅
用心靈去感受
用生命去閱讀的溫柔

不想走卻一起走

他是一九一四民國三年生，我足足小了他四十五歲半——這是我懂事以後第一次想到的「爸爸」。

其實，或為了年齡的差距，也為了家庭的重擔，從小爸爸在我的心目中就是嚴肅而崇高的。或許說得更明白一點：我挺怕我爸爸的，「敬畏」大概是最貼切的形容詞吧！

掀弄起兒時的記憶……，除了記得他在母親重病時，必須勤快的內外兼顧之外，只閃過兩、三次老爸大發雷霆的模樣，當時可真是嚇得我和四個半大不小的兄姊們不敢吭聲。調皮貪玩、討打挨罵反正沒一個小娃兒逃得掉，但是即使沒事兒爸爸也會把我們集合在一起聽訓，這好像是咱家「子女應盡之義務」。久而久之，最活潑搗蛋的五姊總是會拉著我們和爸爸玩「一二三木頭人」的遊戲——就是由我把風，等老爸一轉眼、一回頭，她就飛也似地野出去買回了一包蜜餞，然後我們五個兄弟姊妹還是楞在老爸的跟前一字排開，聽他「說道理」，但嘴裡已經沒閒著吃將起來。大道理是一句也聽不進，只記得老爸才顧右，我們左邊的小孩就猛嚼蜜餞；老爸轉到左，我們又得露出理解懺悔的神情頻頻點頭。

迷迷糊糊的童年就像是和爸爸在玩「捉迷藏」的遊戲中度過。反正，也不敢對爸爸說些什麼，能避開他的「法眼」就躲得遠遠的，除非老爸命令「陪」他走一段路，否則，很難會想跟爸爸黏在一起的。每天，送我上幼稚園的路就是他陪我、我也「必須」陪他走的那一段路。老爸總是在匆匆趕著上班前，騎著他軋吱軋吱的破腳踏車送我，雖然從新生南路二段到和平東路一段的路實際並不長，但小時候總覺得從家裡到再興幼稚園的懷幼堂怎會這麼遠……。或許是因為爸爸只是一路碎碎「唸」著，我則坐著卡在黑銹腳踏車橫槓上的籐椅裡兩眼四處亂溜。那個年紀，爸分享不了我的好奇與幻想；至於我，也分攤不了爸的悲愴和煩憂。

說起來，母親的病似乎一直都是我們「父子關係」轉變的一個關鍵。

媽從我出生就染上了風濕性關節炎的重病，在我大部分的童年時光和少年歲月裡，她都是在病榻上熬過的。那一段艱苦的日子裡並沒有什麼搶天哭地的劇情在我家上演，但是幾乎三年不能翻身下床，近於癱瘓的媽媽，就靠著老爸一個人裡裡外外撐著這個家。現在想想：新生南路到和平東路的確一點也不遠，遠的應該是爸爸每天得騎腳踏車到板橋紙廠上班，遠的是籌措母親龐大的醫藥費總有一段借貸無門的距離。偏偏我們這五個小毛頭還不時在老爸內外忙得焦頭爛額不可開交之際，總能闖出一大堆禍，攪和圍繞著他團團轉。

一起聊也一起走

我總覺得比母親年長十歲的爸爸是個非常重情義的人。從上海市醃臘公會理事長、江蘇省議員，以及擁有一家籐椅店、蘇州三家棉紗繅絲廠，到上海愚園路的二樓獨棟花園洋房——父親在大陸變色前的風光富裕並沒有減損他於輾轉遷台後不幸落難貧窮的鬥志。尤其能幹的母親在生我的過程罹患惡疾之後，他也從未離棄過我們。現在我才聽懂原來爸爸用濃重鄉音教誨我們的道理，就是那份能屈能伸、堅忍不拔的志氣；雖然過去我們如此輕忽，但是老爸卻用了他的整個人生，以無形的身教長期薰陶孕育著我們子女剛毅不拔的氣質。

大學聯考第一年我是落榜的，從明星高中畢業摔到谷底，爸爸幾乎一整年都氣得不跟我講話。每天早上只好由媽媽拖著病體躺在床上喊我起床，趕上清晨五點五十分第一班去南陽街補習班的公共汽車。後來，終於考進臺大，我知道他的興奮溢於言表，但是他卻仍然像往常一樣——只在別人面前誇你，卻在當你的面時，再三叮嚀：不可驕矜自持、鬆懈怠惰，必須繼續努力讀書充實。

從小被「唸」慣了的我，直到那個時候似乎才漸漸「聽清楚」老爸濃重的丹陽口音要我做的是一個「頂天立地、不屈不撓的生命勇士」。隨後歷經四年大學、兩年服役，又經過激烈的競爭招考，進入當時台灣最老字號的電視台服務於新聞工作，這一段段人生黃金般歷練成長的歲月，都是一步又一步在他的耳提面命下，翻越著人生的低谷與高峰。

我們家沒有關係背景，你只有靠自己。

只要記，不要氣！

記得：要爭千秋，不爭一時。

永遠記得這句話正是爸爸，在我開始進入記者這行的第一天告訴我的。

其實，當時因為新聞工作壓力太大，腦海裡天天閃著想要辭職的念頭。我畢竟只是個初入社會稚嫩的小伙子，既搞不懂人際複雜的關係，也不想探究社會八面玲瓏的藝術，更不願為虛偽的現實去逢迎遷就些什麼；但是，偏偏一開始我所受派的採訪路線，正是最多變數的突發事件與災難新聞，天天壓榨著自己疲於奔命。每天既要擔驚受怕於毫無社會背景下探求新聞線索的壓力，又常默默不平於為什麼別的同事已經一個接著一個坐上播報台，而我卻除了艱苦的採訪任務以外，還在幫休假的兼職小姐客串性的播報一天氣象。瑣碎煩心的勞逸不公也好，擔憂自己未來毫無出頭的機會也罷，這些對於一個剛剛進入社會工作職場的年輕人來說，難免都會不時忐忑不安的嘀咕抱怨……。工作時間又拉得特別長，每當深夜下班心力交瘁之際，老爸便會用上面那句話安慰我，也鼓勵我。聽久了，我才細細體會到老爸說的話，真的是唯一拉拔自己繼續樂觀進取的關鍵力量。

那時距離母親過世已經是兩年後了，我才從小到大第一次真正感到父親是我人生唯一的依靠。母親的病逝似乎反倒在無形間，拉近我和爸爸的距離……，我不會再像小時候四處躲著他，反倒由衷的想和爸爸一起走一段路，親切的暢談我的理想和抱負，也傾聽他豐富豁達的人生閱歷。「教書」與「寫作」這兩件事就是來自於爸爸的堅持。他說我必須教學相長、為人講授才會學以致用，後來多年任教於輔仁大學、臺灣大學、臺科大，還有受邀各地演講，這些給我的磨練確實如爸爸所言不虛。

爸爸更鼓勵我：何不把新聞採訪過程中一段段波瀾壯闊的思緒、一個個衝激危險的災難現場，也另外用文學寫作的表達方式詮釋出來呢！同時還可以藉此移轉自己對眼前小我短視成敗得失的焦慮，放大眼界提升到對社會時代、對人生境界的關懷省思。隨後，就在我的第一本台灣社會報導文學著作出版後，第二本有關大陸的社會報導文學也接連著在最紛亂、忙碌的情況下定心寫成。書首寫到：「感謝一直鼓勵我寫作的父親」——這絕不是空洞的口號，而是發自內心的感懷。

其實，老爸除了要我讀書、教書與寫作以外，一向並不鼓勵我學習或發揮其他所謂過多的「才華」。說穿了我也搞不懂為什麼我總有一些他做夢都沒想到的「才藝」。就像在臺大報名參加自己生平第一次演講辯論比賽拿到雙料冠軍，老爸盯著我興奮返家向他榮耀攤開的冠軍錦旗問到：「哇！現在上了大學還要做這種美勞作業啊！」經過我再三解釋，這真的是我比賽拿到的獎品時，他還是淡定捻著鬍鬚問我：「有幾個人參加？」

更早在高一的時候，既然通過了第一關升學的聯考，我叛逆的膽子就開始大了。看到師大附中國樂社徵召社員，才交五塊錢就可以學樂器，我趕緊幫自己圓了兒時的夢，每天一有空檔就鑽進社辦勤加練習，後來還被推舉為國樂社長。於是我可以有特權每個周末把不同的樂器抱回家，給我癱瘓的媽媽看，順便還能胡亂吹拉彈奏一番。其實我並不知道，大家是因為我把那無固定按壓音階，訓練絕對音感最好的二胡，拉得太難聽，希望我多投入一點行政工作才全票通過選我的。

直到後來一個美麗星期天的上午，我才恍然大悟。那時我在房間裡正陶醉於練習「金蛇狂舞」的樂曲，南胡的飛弓馬尾就在內外二絃間奔放嘶鳴，爸爸突然開門進來，跟我平靜地說了一句話、九個字就走：

「澔平，還是畫圖比較好。」

在父親的眼中，從小我就不太講話，也不太插嘴，連客人來訪都躲在房裡，叫我出來吃頓飯都嫌彆扭……。怎麼會？至於，第一次他無意間聽到了我的歌聲，也木木探頭到我的房裡問：「剛剛是誰在放藝術歌曲的錄音帶？」

從小即使我在繪畫方面頗有突出的表現，但是在爸爸眼中凡此種種都是「雕蟲小技」無一可取，要是給他看到我關在房裡不在看書寫功課，而是信筆塗鴉的話難免少不了一頓責打。因此，我童年大多數的畫作都是在書桌的抽屜裡面完成，還是像在和爸爸玩「躲貓貓」一樣——書桌檯面上放著理化還是數學課本，抽屜裡卻盡是蠟筆、水彩跟圖畫紙。一九八三大學畢業那一年我參加臺灣大學校徽美術設計對全世界徵稿，得了首獎和一萬元獎金，卻到現在才想起來：我竟然還沒有告訴他！

沒有告訴父親的事其實還有很多……。

因為，他的歲月、他的時代並沒有給他這些機會，除了傳統讀書出人頭地的觀念之外，半生戰亂流離怎能像我們一樣總以自我為中心，自私地老想為自己或為自己所愛的人留住些什麼呢？我們這跨越了兩個世代的父子間，總要等我經過人生更多苦澀的歷練後，才能夠從另一個角度體貼他老人家的心意，也才更加深刻理解到，終其一生他所殷殷期盼的又是什麼？

想要走已不能走

一九八八年台灣電視新聞金鐘獎的頒獎盛會上冠蓋雲集，大會現場和轉播放送正在收看的觀眾不可勝數，但在那驚喜領獎的一刻，從掌聲中走向台前的路上，我卻只看到了父親。

時空距離彷佛又交錯地回到了我和爸爸跨著單車送我去讀幼稚園的路上，也回到崎嶇的山嶺間我們一同走向母親的墓園——那是一段又一段父親陪我、我也陪父親走過的路……。聽我講話、聽我唱歌，也聽我的喜悅、聽我的哀傷。站上舞台領獎要致詞得獎感言，我忍不住就把對父親的愛、對新聞採訪的感受藉著歌聲唱出來。於是，只有我是用「唱給爸爸的一首歌」來致詞。我只想用毫不掩飾的真性情回報他給我的愛，也回報電視工作給我的歷練成長。後來，繼這第一個獎項之後，多年以來我又得了超過十幾個不同的獎座，其中只有唱片金曲獎，我可以堂而皇之把心情唱給爸爸聽。

那是一九九三年金曲獎年度最佳流行音樂新人獎公佈的一刻。我們五位入圍的新人被安排各唱一段自己唱片的主題曲後，一字排開亮在台上等待如世界小姐選美般宣佈結果。我的心怦怦地跳，真希望爸爸這時沒有在電視機前面，因為這次我的膽子太大了——現在可好，不但想要為自己的文章畫插圖，不必再藏於書桌的抽屜中偷描；居然當了記者和主播之後，還敢跑到另一個斜槓舞台上跟人家比賽唱歌。

爸爸一定又可有得罵我了。

終於在聽到自己得獎的名字時解開了這個僵局，似乎也為我無形中解開了從小一直懼怕地在躲藏，不敢坦然面對父親的心結。我昂首大聲地說：

「我的父母那一輩歷經戰亂流離，也許有這樣的才華卻沒有這樣的機會，現在我要告訴我的爸爸，還有我母親的在天之靈，我幫你們當年沒有機會做的夢，今天我也幫你們實現了……。」

陪老爸走一段，現在已經變成是痴人的夢想。當父親在九十高齡那年逝於紐西蘭基督城，我在台北等到的就是一具冰冷的屍體。

晚年他還是健朗得可以和我一起走上一段，只是記憶力衰退與重聽的情形讓我們溝通起來相當吃力。有一次他要我幫他整理銀行的保險櫃，我陪他跑到華南銀行，把長長的抽屜搬到桌面，心裡想到底有什麼寶貝值得他費心花錢藏在這庭院深深的銀行地下室？當鐵蓋子一打開，我呆住了。不是為了父親仍像當年逃難一樣裡面放了數根金條，而是看到了一疊借貸的手寫字據和一個典雅的珍珠別針。

爸爸拿起那些曾經在我們家最苦的時候向別人借錢的字據，一張一張地翻給我看，淺淺的笑容裡有一絲剛強的得意，因為全都還清贖回了；剩下的反倒是爸媽的親朋友人們後來向我家借貸卻沒有償還，而一直保留在爸爸這裡的字據。爸爸說，今生今世寧可別人負我，我絕對不要負人，不然會不心安的。一旦不心安，就會有煩惱不快樂了。

不知道這到底是不是跟母親過世二十年後，直到父親臨終前他都從來沒有提過，想要續絃再娶的事實有關……？在爸媽那個世代所謂的「愛」是何等的涵蓄，豈是我等後生小輩所能體會了解。他們的確從來沒有在我們面前說過什麼「我愛你」、「妳愛我」之類的話，記憶中好像連親密的舉動都不輕易展現在孩子面前。但是翻開爸爸這個最私密的保險箱，我想我正逐步探觸到了一種他內心裡同時深藏的鍾情與浪漫……。即使在最戰亂流離的時代、即使在最病痛苦難的環境、即使他孤獨奮鬥的人生在負擔了所有的義務與責任之後，終歸還是孤獨的面對妻子的早亡與老友一個個的消逝凋零。可是，在他老人家的身上顯示——人生真的可以因為著一句信守的承諾，如此一輩子頭角崢嶸堅定地活著。

活著的意義就是為了保險箱裡另外那個別針——原來它是媽媽在上海和平飯店跟爸爸在一九四四年結婚那天髮鬢上佩戴的頭飾。我一眼就認出來了，因為爸媽泛黃的結婚照片一直高掛在家裡的粉牆上，從小我就記得那個設計精美的珍珠別針……。這就是爸媽之間的「愛」，一顆顆細小且不甚平整的珍珠，被爸爸小心翼翼地珍藏於這個保險箱，那裡面有他們年少的憧憬與夢想，也有我們子女被一一賦予了生命來到這個世界的緣起。

爸爸看了看別針，用手輕輕的拂拭了一下，依然把它又包回母親的一條用過的舊手絹裡，隨後依然不動聲色、無關悲喜的闔上鐵蓋，封入保險櫃深深長廊的銅牆鐵壁中。

在父親的有生之年，我這身為老么最小的孩子能夠陪伴他的時間相對最少，但是我還是很慶幸曾經陪他走了許多段人生的道路。只不過似乎僅有這一次陪老爸走出銀行的那一段路，我們依稀心照不宣，也心領神會地相視一笑……。

因為，我知道當我陪著父親蹣跚步上銀行大廳的樓梯時，我們正擁有著母親愉悅輕巧在一起同行……。

蘇州尋墳——毛豆癡願

情深如線
牢繫兩地思念
似水流年
愛恨遺憾盡付無言

曾有年少輕狂癡願
想藉萬縷清煙
無遠弗屆飄盪綿延
飛上春風化雨盡掃前怨

只得見
青翠毛豆兀自悠閒
世代繁衍
叢生荒煙漫草間

還願

一九八九年五月緊握著手上的地址，乘坐在包租計程車上的心情紛亂而忐忑。我反覆唸著大姊手寫紙條上的字：

「蘇州　橫涇公社　星金果林墓區　第十八層　第十六穴。」

從小做夢也沒想到我竟然會在這麼一個褥熱難耐的午後，行駛在蘇州鄉下漫天黃土、顛動崎嶇的小徑，找著外婆葬在外地的祖墳。緊緊叮嚀司機我只有四個小時的時間，因為蘇州回上海的火車票好不容易才買到，倘若趕不回去恐怕整個採訪行程都會受到嚴重耽誤。

其實在奔波的遠行中增加這個目的地，最主要的原因還是想為過世的母親還個心願，一了她老人家生前未能親臨外婆墳上祭祀的遺憾。

外婆，我自然和她從未謀面過，只能從母親的口中鑲嵌她的身影和言行。畢竟從一九四九年大陸的劇變後外婆守著不到兩歲的大姊留滬，以及在文化大革命期間受到批鬥、流放新疆、逃回上海到抑鬱以終，台灣的母親始終懷著一份深深的歉疚與遺憾在隔海思念著她。

反覆繞在竹林交錯的阡陌小道，總算在東山馬介場車站附近一個不起眼的小路口找到了橫涇墓區。這是在幾年前才規劃出來的新墓園，只能算是當地放寬禁令得以敬祖慎終後的明顯轉變之一。在大上海附近地區都得跑到這裡下葬，早已使得目前一墓難求。

幾位挽著藍布髮髻的老太太，手裡拿著香、供果和編紮的鮮花供品三兩兜售，濃濃的吳儂軟語襯著附近墓碑工人石雕鏗鏘的聲響，導引我們向第一工區走去。遠遠眺望，大片碧蔭的竹林後面正是沿著陡坡次第而上的墓園，一座座如骨牌般平行排列的墓碑，閃在正午炙烈的陽光下，我可以清楚的看到每座陵墓只能分到不及一平方公尺的空間，甚至連墓前鋪出的亂石步道都只能讓人站著行禮，沒有下跪叩首的寬度。

馨香

同行的大姊眼淚簌簌地流下，她遠在崇明島前進農場的工作以及經濟能力上的負荷，讓她不可能前來這裡掃墓。此刻，思念的淚水自然如此宣洩在相依為命的「婆阿」（外婆）跟前。留守家業、掃地出門、流落西北、貧病纏身……，大姊口中轉述了許多比母親更為詳盡的往事，現在我才發覺在過去的四十年裡，這三代母女間竟然交錯編織著如此沉慟的人世悲劇。

拈上三柱馨香，插在替代香爐的糯米飯上，我深信裊裊的輕煙正牽繫著「我對外婆與母親的思念」、「大姊對外婆與母親的思念」，以及，特別是一份促使我代替媽媽趕來此地……冥冥中一份「母親與外婆彼此的思念」。一切的悲情糾結著數十寒暑的愛怨遺憾，盡付輕煙。

窄窄的墓前，我們還是選擇古禮在有限的空間裡以側身下跪，頭上豆點大的汗水滾滿全身，腳旁還得不時留意一直在傾塌的路基。極其侷促的祭拜情景就像那年我坐在母親駛向五股出殯的靈車上，也曾侷促地擠在棺木旁窄窄的樟木板凳上披麻拈香。當時我知道咫尺之內躺的是我最心愛、最思念的母親；就像現在的咫尺之內躺的是我母親最心愛、也最思念的母親。

樹影晃動，烈焰攪拌著艷陽的炙熱把錫箔燃成一片灰燼，期望煙塵能帶著人們彼此的思念，邁向無遠弗屆的飄盪綿延，送到親人的面前。

回首身後那一大片墓地，慎終追遠在當年的大陸上，似乎還只是聊備一格。除了有「海外關係」的家庭偶得外來匯款資助，可以如此「大費周章」的興墓追祀之外，那時一般的老百姓，誰有閒錢、閒工夫、閒心情，來鋪陳這樣的舉措呢！難怪整個偌大的橫涇墓區裡僅見墓而不見人。

沒有人來祭拜，孤單的墓群面向著太湖的粼粼波光，在江南這般秀麗的鄉野間兀自嘆息凋零。

毛豆

收拾香燭，我們步下長長陡陡的石材梯道，等在一旁乞討祭品許久的老媽媽接過食物跛行而去。望著她由近而遠的背影，也俯視眼前這片初夏乾黃的墳地，景致的蕭條與人世的滄桑並無二致。

其實變換任何一個時空，誰不都也是一段滄桑呢？父母初來臺灣的日子就像眼前竹林裡亂生的毛豆蓬，怎麼丟下去就得怎麼旺旺地長出來。一九六〇年代，我大部分的童年時光，除了上學外幾乎就是守著母親的病床，沒有任何年少奢求的夢想。現在想起來，當時甚至連生日時都未曾想過可以像現在的孩子，擁有一輛會跑的玩具汽車或是吵著要吹蠟燭、吃蛋糕。

兒時的記憶總是片片段段，但是六歲生日那天吃毛豆的一幕卻教我始終不忘，只是現在才體會其中的感傷與悽涼。

那年母親仍然因為第三期嚴重的關節炎癱瘓在床，幼稚園大班的我，每天上學回家都會照例向母親訴說學校裡的情形。對母親來說，辛苦誕生每名子女的日子總會記得特別清楚；在這個特別的一天也總想要多給自己心愛的寶貝些什麼——只是在窮困的家境下，當時母親只能叫我多吃六粒，紗罩蓋著隔夜的豆瓣醬。

「挑出最青最綠的六顆！」

歷經煎炒釀炸後還能如此保有鮮活青嫩的毛豆，從它的誕生到摧折都有著如此不變的生命力。母親或許正想在沒有蛋糕、壽麵，和禮物的生日，給我一份如她對抗病魔般堅韌的勇氣。她提醒我即使經過了未來人世各種如煎煮炒炸般的摧折磨考，我一定要仍然保有像毛豆一樣的真純青綠——這實在是我此生收到過最珍貴的生日禮物。

這麼多年來，在上海的大姊也像毛豆一樣的質樸而堅強，海峽對岸的我亦同。

我們姊弟兩個人的生命正因著我們的母親，以及母親的母親，都是如此質樸而堅強，使得我們的心早就無縫接軌、毫無嫌隙地交融在相隔遙遠的陰陽時空裡。

再趕上包租小車奔向蘇州車站，坐在發往上海的火車上我的心裡再次如釋重負。因為，今天，就是在今天，我彷彿已經陪著媽媽的在天之靈，也一起來祭拜過了她最思念的媽媽——外婆，在蘇州的墳。

腳踏車與糖果盒
——兄弟姊妹齊唱母親教的歌

我們曾有一輛破腳踏車　騎上爬下多麼快樂
曾有一個小糖果盒　你憐我愛依依不捨
破腳踏車　一起騎過淒冷炎熱
小糖果盒　總給我們感傷快樂
你還騎不騎腳踏車　還有沒有糖果盒
遠方是屬於車輪的　像糖果五顏六色

我們曾有做不完的功課　綿綿長長像條小河
曾有母親教的兒歌　字字句句依然深刻
母親的歌　母親曾教我們的歌

她是功課　她是孩子們的小河
你還上不上補習課　還唱不唱小兒歌
孩子變成你的功課　只剩下母親的歌
——腳踏車與糖果盒

歡憶兒時夢

當時間的漏斗篩去許許多多的悲歡離合時，驀然回首，常發現自己還能在一些具象的記憶中，鑲嵌出一份怡然自在的心情。或許只為了一輛貫穿生命的腳踏車，也為了一個豐富心靈的糖果盒，一起跟著命運交響樂演奏出了親情之歌……

我從小算來算去總是比別人多幾位兄姊，特別是台灣一個屋簷下長大的就有一個哥哥和三個姊姊，我當然是最小的了。

一九九〇年代初期在我來英唸書以前，只剩父兄與我三個人在台灣，其他那三位分佈在我們兄弟十歲之間的姊姊，則先後因留學、投資及移民，陸續讀書、成家、生兒育女而落籍美洲。兩位在美國，一位在南美哥倫比亞。想來兒時的往事恰似涓滴細流貫穿了我們的回憶，打打鬧鬧當時都年過四十歲，嘻嘻笑笑也各有自己的家庭事業。

現在我飛到了英國，在這歐洲的西緣，忽然覺得自己離她們好近好近，也許是因為離開台灣的父親和哥哥好遠好遠。我到底是牽扯在什麼樣的一個平衡點上，左邊是歐亞大陸最東陲的「福爾摩沙」，右邊則是大西洋濱最西岸的「美利堅」。這個英倫三島的中心位置硬是劃出了一個等距等高的等腰三角形，分毫不差正好把座標點釘在我的腦海裡。

兒時舊夢細細回首，我們都分享過一個貧窮的家境，嚴格的管教，還有一些理也理不清的親情思緒。其實，長大後我們兄弟姊妹五人倒是很少長談往事，或許連五個人真正坐在一起的時間都已經沒有了。不過，我也不曉得自己為何如此固執地沒事總會想起，也許大哥比我大十歲，我比小姊小五歲，他們總是比我更早成熟懂事，也更早知道該遺忘些什麼，好把其他的人事物放進有限的記憶裡。

每次躺到床上，我就不禁望著「天花板」。現在裝潢精美的屋頂早不時興這個了，然而我是那麼愛幻想，常把自己推回童年那一張五個孩子一起躺過的木床。我還會在狹擠的床上跟兄姊講：如果我們側著身睡，我旁邊還可以再睡兩個弟弟妹妹，再不就把小玩伴邵基元、酈家駿都找來，睡得滿滿的，好不好？直到爸爸來怒斥我們盡在講話不睡覺。

我永遠不記得答案，倒是天花板上因滲漏雨水而泛黃的圖樣卻永遠可以激發我無窮的幻想。今天那深褐淺黃的線條好像耶誕老公公挑起鬍鬚在笑，明天忽然變成一棵耶誕樹掛滿了禮物，那一閃一閃的霓虹燈好像還在我一眨一眨的睡眼中跳躍著呢！此外，我記得家門口巷弄前，瑠公圳的春天煞是美麗，它非常公平地總讓窮人也可與富人一樣欣賞滿坡盛開的杜鵑。在它被拓寬為新生南路填平加蓋之前，有紅、有粉也有白的杜鵑花會在三月棲滿了枝叢。春天到初夏，火般燒盡圳畔，把我們在二段圳邊低窪巷內的家，妝點得一點也不失顏色。

我們兄姊弟妹五個人還常會偷偷騎走爸爸的大腳踏車，一路跌跌撞撞地衝過瑠公圳上的橋，直奔對面國中的校園。騎上的大呼小叫，沒騎上的追在後面又哭又喊。四歲的我總是那個最沒出息的，只能跟在車子後面當跟屁蟲叫著：

「等我一下啦！」

有一次才從家裡的巷口衝上街，還沒到橋頭，我又在喊著，不料附近狗醫院沒栓好的大狼狗就跑過來，一撲著我就跟個球似地滾到圳邊，嚇得兄姊撿起了滿地所有的石頭，砸得惡犬夾尾而逃。不過，卻沒一塊石頭塞得住我驚天動地的哭聲，誰教滾滾溝渠就在我咫尺下方。這一哭哪止病上三天，一個星期後，還是吃了狗醫院給狗的退燒感冒藥才好的。每次和兄姊聊到這裡，大家都是笑眼中滲著淚光。畢竟，買不起昂貴的西藥，加上小病不上醫院的慣例，總還多虧爸媽好友開的那家「萬國狗醫院」。

今天誰能想像，我們都是靠張伯伯的免費狗藥才健康長大的。

這一次我被兄姊告誡檢討：為什麼一面喊一面跑，惡犬是你越怕牠、你越跑，牠就越是追你；而兄姊則被父親告誡檢討：為什麼家裡有一位癱瘓多病的母親之外，還要再頑皮搗蛋給他增添麻煩！

記得還有一次我們膽子更大，益發無法無天，居然把老爸的單車遠遠騎到了圓山的再春游泳池。兄姊唬我說：

「不要怕！游泳最簡單，跳下去水裡自然就會啦！」

我信以為真，於是就在等兄姊進更衣室換泳衣時，我真的就乖乖地跳下去……，結果差一點點淹死。救生員用心肺復甦術搶救了很久，跟我八七水災那年難產出生時一模一樣——不但不會哭，整個身體因缺氧窒息開始逐漸發黑。後來，雖然同樣抓住雙腿倒吊，拍打胸背屁股好久，才「哇」的一聲給搶救回來。四年前懷胎遲滯十二個月的產婦媽媽當年癱瘓了，現在四年後即將驚恐崩潰的爸爸又情何以堪。

我手中每天抱出抱進、愛不釋手的「糖果盒」給憤怒的父親砸向了門外，連他被我們偷騎出去玩的「腳踏車」都「筐躺」一聲給摔倒在了地上。

這重重的一擊，雖然並沒打在我們五名子女的身上，卻讓我們再也不敢哭出聲音。砸在地上的「糖果盒」只是我們的遊戲，今天砸空了，明天還可以再拿一、兩毛錢跑到巷口的雜貨店，買一包用舊報紙或電話本黃頁三角一裹的彩色粉球糖。我們也會小心翼翼地把一毛七顆果球外的每粒糖晶舔乾淨，捨不得掉到地上……。但是，爸爸翻倒的「腳踏車」又是什麼呢？它絕對不應該是我們騎去遠方探險玩耍的工具，而是父親每天必須騎著出門來回長途跋涉、養家活口的憑藉，父親怎麼能捨得它倒在地上？母親躺在癱瘓的病床上又能說些什麼呢？

記得一九九〇年赴英留學前去台灣大學演講，我回程故意徒步走過了早已不著痕跡的瑠公圳，只見「萬國狗醫院」還在那兒，倒是對面的老「市女中」，早改名叫「金華國中」了。長大以後就沒有再進去那個對我的兒時曾如遊樂場般的校園，因為我們五個小毛頭孩子們，每個週末都是無比瘋野地在裡裡外外玩耍。

父親在生活的重擔下是嚴肅而冷峻的，母親的慈祥與熱心往往又被病痛折磨得苦不堪言。爸爸從不唱歌，倒是母親口中常哼哼些周璇、白光的上海老歌，也教我們唱「小小羊兒要回家」，每次唱到：

天色已暗啦！星星也亮啦！

小小羊兒跟著媽，你不要怕！不要怕！

我把燈火點著啦！呀嘿呀嘿呀嘿……

我們總會圍在媽媽的病床邊跟著齊聲合唱。

誰知道今天我們五個人已經又東又西、天南地北的，徒留下了這些一段段人世感傷與快樂交融一體的深刻記憶。

小學一年級時媽媽病危住進臺大醫院，末期關節炎萎縮變形了她的手腳，我們子女五人都是一放學下課就去醫院陪她。我因為有時只上半天課，所以有最多的時間陪伴母親消磨寂寥的時光。

我印象十分清晰，那間三等病房偶爾空了幾張床，下午常常只有我和媽媽在一起，除了偶爾進來幾位基督教傳播福音的朋友，把陌生的祝福帶給我們以外，久病床前難免稀疏了親友。有好一陣子，我的兩餐都是吃臺大醫院給病人的餐點，因為母親也不知是否胃口真的不好，總讓我不會餓到。有時我真的分不清那些兒時的記憶到底是悲還是喜？我會跳在母親隔鄰的彈簧床上，唱著要去參加正聲廣播公司兒童歌唱比賽的指定曲給她聽：

我家門前有小河，後面有山坡，山坡上面野花多，野花紅似火……

當時我竟然是發自內心那麼的快樂，又跳又唱；今天想起來我卻是這麼的感傷，因為當時快樂到居然不知道感傷……。我們五個兄弟姊妹有一個共同不會褪色的夢，那正是這些歌裡兒時的夢。夢到我家門前的瑠公圳不再老跟著颱風淹水氾濫，夢到圳旁山坡的杜鵑野花依然艷紅似火；也夢到我們在爸爸的羽翼下，圍著媽媽的病床旁，永遠跟著他們點著的燈火向前行進。我們「呀嘿呀嘿呀嘿」地唱，當然不用怕，什麼月明星稀，夜空黑漆，只消跟著爸媽、壯著歌聲，根本不用知道兒時有些天真無邪的「快樂」，或許應該改稱為世俗悲涼的「感傷」。

重聚舊家園

母親還是在感傷中逝世了。一九八三那一年我剛自臺大畢業，我還是情願相信她在三軍總醫院的加護病房裡，真的是有看到我的畢業證書才走的。

那一天六月六日，斷腸也好，傷心也罷，我第一次發現母親已經去了另一個世界。雖然她還活著，但是參加完畢業典禮的我卻跟父兄發現，母親正進入神智恍惚的狀態。我們說東她答西，我講畢業典禮，她怎麼說中央市場呢？我和哥哥哭著搖著母親，我們一問一答的聲音愈來愈大，好希望讓她聽清楚，以證明她不是進入了所謂的彌留狀態。

那天以後，即使轉回普通病房，母親再也沒有「真正的醒過」。爸爸痛心的告訴我們兄弟：「你們的媽媽已經不行了！」我是多麼不願聽到這句話。爸媽廝守近四十年，父親之所以忍心先醫生一步說出來，只是為了儘快召回當時分別在美洲的那三個姊姊，至於一九八三年兩岸仍屬隔絕，大陸的姊姊則與母親今生重聚無望了。不到一週，三個姊妹都風塵僕僕地丟下手中的工作和家事，紛紛趕到台北。我們見面相擁痛哭，為什麼五個兄弟姊妹長大後第一次再重逢聚首，居然就是在媽媽臨終的病床前？儘管哥哥說：姊妹嫁人後就是別人家了，這番話並未在我們的手足中應驗；但一晃十幾二十年的離散，舊家園裡卻盡是愁雲慘霧。

我們是一群吃狗醫院西藥克服小病痛才長大的孩子，現在先進的醫藥科技卻仍然挽不回這位總在祖先牌位前，保佑我們「狗頭狗腦」的母親這條脆弱的生命，甚至還讓她在近四分之一個世紀裡，任椎心刺骨的癱瘓病痛折磨至死。在這母親臨終前一個月的時間裡，每天我們會輪流守在醫院，五個人就在這聚散離合的生死悲歡中，一起接受凌遲煎熬。

哥哥是職業軍人必須恪遵職守，三姊則深信神靈到處求佛問卜，四姊耐心仔細料理家中雜事，只有五姊和我最討母親歡心；但是現在除了跟著醫護人員跑出跑進，氣沖沖地到櫃臺大罵冷氣不涼、點滴不換、氧氣不夠以外，我們只能偷偷躲在病房走廊邊的綠膠椅上哭泣。來台灣這幾十年，七個睚家的人，好辛苦地又團圓了，誰知道團圓終究是為了母親的死別。此等情境下，我也被逼得什麼都得信——天天唸七七四十九遍的觀音「大悲咒」把功德迴向給母親，轉了三班車跑到土城的山上求廟裡的「大悲水」，甚至聽說買十斤的魚帶到新店溪放生也能挽救母命，我也傻呼呼地全都做了。可是，最後就是換不回她的生命。我早已不在乎自己是不是迷信，只怕我沒有哥哥的擔當、三姊的虔誠、四姊的細心與五姊的開朗。他們說：病情到了這個地步，只求老天讓媽少受磨難，早些平靜安詳地駕歸西方極樂世界，大家真的不忍心再看她像植物人一般，靠氧氣和輸液痛苦地活著。可是我悲憤地大吼：「不！我比你們都小，少分享了五年到十年的母愛，我不要她走。」五個兄弟姊妹又一次哭成了一團，這次不是在病房裡，而是在走出醫院外的停車場上。過往的路人啊！你們都和天上的星辰一樣冷漠而遙遠哪！母親妳可別像他們一樣⋯⋯。

白布好長好長，長得蓋過了臉，長得掛成靈堂上的輓聯，我真的不能接受她已恒久蓋在白布下面。昨夜整晚我不是還陪在您的床邊，唸了一夜的藥師經文嗎？大小便失禁真是死亡的前兆？可是為什麼您對我女友母親的來訪，還清醒說了三聲「謝謝」呢？看來是我該抬頭，向天上的您說三聲「謝謝」……。您熬了二十四年為的是給我一個美滿的家，您對我女友的母親致謝，則是希望我未來幾個二十四年我都能有一個美滿的家。

失去了母親的我們，再一次共處在老家的客廳，窄窄的格局好像擠在兒時的那張大木床上。現在老父不會再管我們愛講話，反倒是香燭縹緲間他也許巴不得我們多用談天說地的聲音掩去寂寞的創痛。電視裡正播放的連續劇「星星知我心」真像在演我們五個兄弟姊妹的故事，也是兩男三女各散四方，好在我們還有個像把大鎖的父親，在隨後的二十年間依然能將我們天涯海角地栓在一塊兒。

我們摺錫箔、備蔬果，在「頭七」後將母親移靈五股山上墓地。前一夜，我們五人都守在辛亥路的第二殯儀館裡。七、八月的天氣溽熱難耐，我去停屍間領出母親的遺體，冰塊涼沁著寒意，紗罩下的母親卻笑得安逸。在整片停滿屍骸的棚架裡，我毫無一絲恐懼，只禱念她在天上，沒有白內障，沒有關節炎，也沒有致命的糖尿菌血症。辛亥路的靈堂和後來民生社區的家還不算遠，還漏了點什麼東西，只要騎著腳踏車就可以回去拿。以前，我們大家輪流騎單車，現在則只有我在騎。當然，五個兄姊弟妹不會再有興致聚在一起騎上爬下，我也不會再有機會跟在他們後面又大聲地哭喊一次：

「等我一下啦！」

最後一次騎「腳踏車」還是為了「糖果盒」。因為錫箔是折得夠多了，但對於前來弔唁的人總要準備些素點招待，於是這就成了五姊與我的差事。我載她先到「采芝齋」挑選母親生前最愛的蘇杭小點心，然後再一人騎車回家拿果盤糖盒，繞回來姊姊剛好買完。她忽然提議由她來騎，我先是不願她累，後來才想到大包小包拎著更累，於是就這麼定了。快到基隆路不遠處的十字路口時，五姊忽然問我：「還痛不痛啊？」我楞了一下，想到小時候她牽著爸的大單車，死命邀約四歲的我去兜風，其實她才不過九歲而已，腳都搭不上高高的橫桿，只能側身歪斜地卡在桿下一蹬一蹬地騎。

那次我當然摔得可慘了，腦袋上一個饅頭大的包。哭哦！

機伶的五姊大概在問我這個吧！那時候我才不聽她問呢！哭的也不知是為了驚嚇的委屈還是真的痛？她見我到了家還哭，擔心病床上的母親聽到會責罵，於是用她的小手把我的嘴一拍一合地敲著。媽不明就裡罵我，還以為我在調皮扮紅番「喔！喔！喔！喔！」鬼叫呢！最後，總算她答應把她所有糖果和蜜錢都給我吃，我才忽然覺得，雖然包倒是斗大一個，但事實上也沒有那麼痛嘛！現在，我是會說了：

「看在妳這次帶回來這麼多美國巧克力的份上，我現在早就不痛了！」

我們是笑著騎到了殯儀館。

採訪新大陸

陪著父親辦完今生最傷痛的事，母親已經在五股朝夕向著觀音山與淡水河含笑九泉。三個姊姊於是一一道別父親兄弟，又束裝回到她們早就生根落戶的美洲「新大陸」。

這一別後，我入伍服義務兵役，接著經過公開招考投身電視新聞工作，匆匆且是三年又過去了。這次該我束裝首次長期出國，為的則是赴美康乃爾大學深造碩士學位。三年前，在機場看著好不容易與姊姊們重聚的兒時歡樂後，又一個一個飛回美洲時，確實無法想像我後來竟會步上她們的後塵，也前往那艘五月花號曾經尋夢的「美麗新世界」。

當時在綺色佳近一年的時間，不僅有忙碌的學分課程，同時為了儘早修完學位，還同時進行論文的撰寫，更把自己累得焦頭爛額。還好校區裡有美麗的斷崖，附近遼闊的卡由加湖、秀麗的比比湖，給了我美洲山川風土的絕佳印象。遙想七十六年前同樣來到康乃爾大學就讀農業的胡適先生，在他改讀哲學前，居然還在這裡曾焦頭爛額地挑選分類過美利堅的蘋果，也使我在異鄉求學的生涯中，仍嗅得一份中國傳統知識份子獨有的人文情懷。

我知道自己宿舍窗下的蘋果樹，並不是胡君當年分得頭昏腦脹的那一株，也不是掉到牛頓腦袋上讓他發現萬有引力定律的那一棵；但是，思親懷國的心境儼然一致。特別是總在晚秋初冬的深夜裡，熟透的蘋果總會一粒接一粒地掉，有時那種聲音真是像極了人們徒步在草地上急促走過的腳步聲。這麼幻想可能源自於小時候太愛看著天花板的緣故吧！不過，一個人獨處在異鄉，難免希望下一次的腳步聲將會是哪個姊姊又拖家帶眷地跑來看我了……。能有這份想像的權力，至少就比當年離鄉背井的前輩賢傑幸福甚多，也比當時一人隻身在歐洲英國深造的我倍覺溫馨。誰教一百五十年的東西消長，到今天我們還要懷著苦行僧的心情來歐美求道呢！美利堅和歐羅巴，再美壯、再包羅萬象，對我來說，我還是個無法產生歸屬感的過客。或許，自己學的人文社會學科需要在固有的文化環境下施展；或許，今天兩岸的處境早和幾十年前大為不同，進步繁華得無法同日而語。但是，我想還是因為我對家人及鄉土思念無比頑固倔強吧！

姊姊她們遠到來康乃爾大學看我，我可以高興得幾天不睡；至於我後來去她們三個人的家裡各自採訪，其實也意會得出來她們內心難掩的喜悅。這一趟母親過世之後，我與家人各自單獨的團聚，是在拿到碩士學位後從小姊姊近紐約市的紐澤西家裡展開的。那天五個小時的車程，我自己開車卻在寬敞的高速公路上繞了八、九個小時，天都黑了才摸到她家。小姊姊也是急壞了，龍利魚與大草蝦化冰等了一下午總算下鍋，油煙是這麼不尋常的在美國住宅社區裡湧上夜空。我陪她的兒子鴻偉看「芝麻街」，陪她的女兒耀慈捉迷藏，真像五姊變出的兩個「小孫悟空」與我如小時候姊弟倆一般地玩鬧著。大冰箱裡有一、兩個星期的菜肉量，也有冰淇淋、蜜餞和糖果；唯一不同的是冰箱外殼上用可愛的動物磁鐵吸黏住了一大堆的帳單收據與減價優待券（Coupon），這一切都已經落實在她平常的生活裡。

小孩吵著要吃糖、要出去騎單車，還有這一點和我們姊弟的童年也是完全一樣的。當然我今天不必再幫姊姊畫圖交作業，卻滿希望教她的孩子塗鴉上幾筆。

我問五姊，記不記得母親教過的那首「小小羊兒要回家」？她快唱不全了。倒是她盯著兒子用心練琴的模樣好像媽媽在天之靈的化身，那麼執著而專注，那麼不計代價、無怨無悔。我想！這竟是我兒時最活潑、惹最多笑話，帶著我到處玩，讓我頭上還摔個大包的五姊啊！

和五姊揮別，第二站是乘火車（New Jersey Transit）到普林斯頓大學附近四姊賓州的家。那時她們都是一子一女，為了孩子，從上班上學到請保姆，外加海外中文教育正費盡苦心。坐在四姊家寬敞的客廳收看超大的投影電視，我們話天南道地北，聊起小時候都是她帶我做功課的。當年在母親病情加劇之際，我的童年一直是受她管教。她比我大七歲，我幼稚園，她才上北一女初中，她們都是初中聯考的最後幾屆。摺衣服，練寫字，改作文，每一件鉅細靡遺的生活與課業，都在四姊的叮囑或打罵中學會，所以我一向挺怕她，也佩服她；因為今天我所有的生活紀律與學習能力，幾乎都是在當年四姊的指導下奠定的。

我腦海浮起些片段的印象：四姊教我「時鐘問題」，我怎麼也學不會，還好時鐘指向十二點她得騎著腳踏車去幸安國小接五姊下補習課，我才從「十二」的意義裡悟出時鐘哲學。另一次我還更小一點吧！她教我疊衣服，每次她一摺完抖開我就忘了，三五次之後只有讓皮帶打手心。那時我一直想：北一女為什麼要用粗厚的黃皮革當腰帶，連銅釦打上手都很痛呢！總算母親叫她去買東西救了我一命。母親教我把衣服倒著還原，於是這次我又從驚嚇中學到了永世不忘的記憶。其實當時大家都還只是個懵懵懂懂的孩子，誰也不明瞭複雜的人情世故，現在眼前的她已經是個成熟的婦人，我們都長大了，今天的她仍然像兒時一樣條理分明，有條不紊地持家。看到女兒欣倫那麼乖會自己寫功課，不亂開糖果盒，還會自己「拍」自己睡覺，我真心感謝她訓練了我，從童年到現在同樣更獨立、更有骨氣的個性。

第三站就遠了，我得回紐約搭飛機到南美洲的哥倫比亞，這個跨大西洋和加勒比海的國家住了我的三姊。她和姊夫經營的塑膠模具射出工廠在首都波哥大甚具規模。我看到他們苦心的灌溉，在這四季涼爽的高原地形上欣欣向榮，真是由衷的開心。三姊大我八歲，從小就是三個姊妹裡最賢慧、最能幹的一個。記得她得過學校家政比賽的第一名，現在則搖身一變，出口不但廣東話，連西班牙語都朗朗上口，在辦公室對新進員工考著口試呢！機件模具一體成形，廠房裡裡外外井然有序。看來她最擔心的是女兒雯娃要不要多上點補習課，糖果是絕不能老吃，吃多了會壞牙；腳踏車也絕不能亂騎，騎遠了，這邊治安不好萬一被綁架怎麼辦？小時候她照顧我時可不必這麼麻煩，不過愛心卻是一樣的。翻出我們在國際學舍的合照，是個路人照下寄給我們的，還真像是昨天。

這從南到北，三個姊姊，三個家，家家有本難唸的經。我和三姊在拉丁美洲特有的印第安與南歐風味混合的市街上購物，行人盯著我們看，他們直說這裡東方人少，愈看愈好看。那種感覺其實就像我們姊弟小時候看到街頭突然出現的外國人一樣。見怪不怪呢？習慣就好，否則我也不會在剛去美國時，以為自來水龍頭「熱」的才能生飲，還吹個老半天等它涼後才喝，後來搞清楚只有冷水才可以生飲。

波哥大的廢鹽礦山洞挖成了個好大的教堂，高高纜車吊上半空中去看的也是座教堂，好像東方的寺廟一樣，四處林立。倒是小毛驢還是翻山運貨的普遍交通工具，無家可歸的街頭遊童也還是靠著在路邊幫人佔停車位，賺得一兩披索的可憐兒。我和三姊、姊夫吃著拉丁美洲傳統的烤肉，她吹了又吹像我想吹涼熱水一樣在餵小兒子超傑。我終於在世代繁衍的定律中，領會了她們下一代的子女已經成為了她們的「功課」，也是她們的「兒歌」。當然三個姊姊在美洲新大陸上，不必再記得「小小羊兒要回家」的每一句歌詞，除非她們也用它在反覆教育著孩子：

紅紅的太陽下山了！伊呀嘿呀嘿！成群的羊兒回家啦！伊呀嘿呀嘿！小小羊兒跟著媽，有白有黑也有花，你們可曾吃飽啊？……

才一回頭，三姊怎麼把我心裡的歌唱了出來？瞧，雯娃和超傑一男一女兩口童音，跟著媽媽唱得多好。這一刻，我們好像全體五個家庭又圍繞在母親癱瘓的病床邊，跟著父親坐在杜鵑斑爛盛開的瑠公圳旁，台灣眭家三代的十九名成員一起歌唱。我們終於又可以輪流騎那輛破腳踏車，一起分享那個小糖果盒……。不管哪個是現實生活的憑藉，哪個又是虛無幻夢的甘甜？至少我們身處海角天涯，也因著

「腳踏車」與「糖果盒」，還有這首歌，至少為我們大家珍藏保留住了一顆真誠的心，永恒以靈犀相通。

我告別三個姊姊，整理行囊要從美洲回家了。在桃園中正機場父兄嫂姪都來接我。大人的第一句話就是：「照張相吧！」小孩的第一句話則是：「Uncle！你有沒帶糖？待會兒我們一起去後面公園騎車！」

我可又找到了一個秘密。只要把這四張隔著太平洋分別拍的照片連起來，不正有兄姊夫妻八人、四對子女也是八人，還有我和父親，加上母親歌吟的團聚嗎？這事攸關糖果盒，也牽扯到腳踏車，因為這是他們八個孩子有爸有媽「今天的夢」，也是我們五個兄弟姊妹想爸念媽曾在「昨天的夢」。

或許除了母親生前唱給我的「小小羊兒要回家」、或是我唱給母親的「我家門前有小河」以外，現在我們五個兄弟姊妹之間又多了一首也算歌、也不算歌的曲子。那裡面有兒時的回憶，有家園的重聚，也有一個個只能像火車廂體連結組合的照片，由於我的探訪變成為了今生我們三代僅有一次的大團圓。

坐在倫敦到里茲的火車列廂裡，Inter City 快速火車飛駛在本寧山東麓，現在的我只是個負笈英倫留學的遊子。車窗上彷彿還映著父母與兄姊的一顰一笑，三十年了我都還好清晰地把他們鏤刻在腦海，今天倒是全成了壓得平平的相片。我真是太過投入，以致一輛擦身駛過的迎面火車，轟隆把我嚇了一大跳，我也被叫回了現實。

今天的母親和父親早就在天上保佑著我們。兄姊依然子女成群，四姊遺憾喪失了一子後來高齡又得一子一女，五姊則加添一子，只剩下我那時留學的我仍孓然一身沒有成「家」，但是我每天都還在細細咀嚼這份恒久來自「家」的生命脈動。

「家」總在萬里相思時，會比在柴米油鹽中來得更美。

陪台北守歲——水泥海狗還在嗎？

躲在記憶裡的精靈
常會調皮的四處跑出跑進
一會兒輕扯你的心　一會兒揉撥你的情
別怪它碰碎了　裝滿矜持靦腆的舊花瓶
做個鬼臉　神情依然高興
記憶裡的精靈
伴你把玩過往甜酸苦辣鹹　萬種風情

——記憶裡的精靈

水泥海狗

緊貼在欄杆邊，我想看清楚那裡是不是真的有一隻「水泥海狗」？

一九九三年農曆除夕晚上吃完年夜飯，我竟被這個好奇的念頭驅使，開著車子穿過台北空盪盪的大街，跑到新生南路二段的金華國中尋找答案。

本來我是想多在家裡感受一下年節的氣氛，畢竟我已經好多年沒有在台北過年、也沒有陪老爸守歲、幫哥嫂打掃，更忘了發紅包給姪兒。今年我決定要當一個好兒子、好弟弟、好叔叔，沒想到吃完大年三十的團圓飯，爸說睏了，要先睡一會兒，午夜再起來燃炮接財神；兄嫂打理餐桌、收拾飯菜、沐浴更衣……忙不完的家事。反倒讓我自己覺得像個客人，看著一大家子熟悉的人在忙，卻插不上手。

我跟姪女鴻瑩與侄子家綸說：我們去放鞭炮，用水鴛鴦、衝天炮跟對街的小朋友打仗好嗎？他們目不轉睛地盯著電視機，也沒看我就說——「不好玩！」

對啊！二十年前我就發現不好玩了，怎麼自己現在還會提出這個問題呢？

我開始在沙發上如坐針氈，不知道哪裡釋出了一些胡思亂想的情緒，腦海盡是閃著一些兒時的影像，快速的就像電視上正幻變閃動的螢幕。我決定出去看看台北這個城市。在這裡出生、成長、讀書、工作，也在這裡體會過生平每個第一次的悲、歡、離、合。

今天晚上再看看她，是不是會跟以往不太一樣？

生命巡禮

車子順著敦化南北路、信義路、和平東路、羅斯福路繞到了新生南路，我兜了一個好大的圈子，細細看了家家團聚的除夕夜裡，那一座座比平常夜晚更形冷清的校園，可都是我從小到大揹著書包、上課放學讀過的學校。我把車子停在當時還是「七號公園預定地」對面的金華國中前，自己的生命彷彿又回到了原點。我很想看看這片已經整地規畫成「大安森林公園」的老違建區，是不是還有兒時的痕跡？可惜高高的鐵皮圍欄擋著，什麼也看不見。

一九五九年「八七水災」的那一年，我們的老家就在裡面。

母親肚裡懷著我，在新生南路二段三十三巷低窪的巷子口，陸續拉著四個小孩泅水到瑠公圳對岸的國中教室。大水來了，淹到了一個半人高、淹到了兩個人高，後來每年颱風豪雨必會積水的家，只變成我們兄弟姊妹五人無知的算術遊戲，總會細數牆壁上高高低低的水漬污痕。沒有人批評過那條像黃河定期氾濫的瑠公圳，大家只是敦厚地逆來順受，任憑家園屢屢被颱風的暴雨洪濤摧殘。今天的瑠公圳早已經加蓋、舖上柏油，拓寬為二十米的六線大道，粉飾了當年悲愴的歷史，但我卻不能不在心頭謹記，這些母親與我的命運曾經生死一線間的往事。

巷子口的雜貨店也不見了，拓寬後的大街把兒時的記憶一起翻到土裡。不過，記憶還是會像蚯蚓一樣，不時又鑽了出來。小時候，我可沒有現在這種膽量，敢在這麼深、這麼黑的夜裡，一個人站在台北街頭。爸媽叫我去外面的雜貨店裡買醬油，我都是衝著跑，口中還大聲唱歌，這才勉強穿過漆黑的長巷，來去一陣風。暈黃的路燈，總是一盞亮、一盞不亮的，在晚飯後圍著一群附近廝野的孩子，玩「躲貓貓」、「一二三木頭人」……。有時候躲得沒有人能找到我，非到「放牛吃草」不肯出來，卻被自己藏得太好而突然又怕黑、又怕鬼的自己大哭了起來。

小朋友罵來打去也是常有的事，我還是膽小，多半只有挨揍的份。那些兒時相互扯衣抓臉的玩伴們現在都到哪裡去了？怎麼靜謐的也像眼前高厚冰冷的圍欄？姊姊一定不會忘記的，因為那時她們會調皮地跑去告訴每一個打我的小孩說：「你知道嗎？其實……你根本就不是你媽親生的！」這句話每次都會換得對方好一陣捶胸頓足地號淘大哭。說也奇怪，我們當年似乎都很怕自己是父母從垃圾堆撿來的！但現在受到電視連續劇的影響吧！卻有不少孩子希望自己也有著和男女主角一樣奇幻坎坷的身世。

再奇幻坎坷的人生歷程，攤在除夕夜空曠的街道上來看，都會是如此稀鬆平常。我倒從來也不曾懷疑過自己是不是父母撿來的，因為我不相信一個這麼窮、這麼苦的家庭，還會去撿一個這麼笨、這麼煩，又這麼膽怯的孩子。

竹爆除夕

兄姊為我的膽小曾經挨過老爸不少打。最令我印象深刻的一次就是——我們五人趁爸爸出去借錢買特效藥、癱瘓在病床上的母親正熟睡，於是溜到巷口對面初中的校園裡捉知了。跑呀跑！爬呀爬！他們每個人都比我大五到十歲，跑得快、爬得高，當然我僅有又哭又鬧地在後面追的份。園子的池塘裡有很多魚，我們會把不叫的蟬丟進水裡餵魚，魚吃不吃我們不管，只管跳過來跳過去、跳過來跳過去，在水泥海狗噴水的碎石池畔嘻鬧起來。

雖然我也想跳，可是我只有四歲的年紀又膽小害怕，腳才跨出，還來不及縮回，整個人就跌到池子裡，背上的衣服、皮肉全順著池畔的碎石壁刮了好幾道血痕。我又差點淹死，因為身體太小直接沉到狹窄夾縫的池底，兄姊的年紀也太小搆不著，連撈都撈不到，只能哭。最後，兄姊眼看附近一個大人也沒有，收起淚水急中生智，四個孩子一個拉著一個，由我哥哥卡住儘量深入的水中，一手抓住我的頭髮，死命拖上來。

回想經過細節我們都拼湊不太起來了，只記得我痛得哭、兄姊被父親打得哭、爸媽為這群只添麻煩、不恤家計的孩子哭……。

幾十年過去了，我沒有再走進這個原來叫做「台北市女中」的金華國中，當然，也不再想起什麼「水泥海狗」的噴水池。我們搬家了、母親過世了、兄姊各自紛紛成家立業了……。當時除了我們兄弟以外，三個姊姊都早已旅居他鄉，誰還沒事把玩這些當年幼稚愚蠢的回憶呢？可能只有在年邁的父親每年主持這一場人數愈來愈少的年夜飯時，才會挑起我那種千頭萬緒的心情。這種心情就是自己會忽然在年夜飯的桌上，看到母親最拿手的紅燒獅子頭、滷公蛋、如意菜……。

這一刻，我忽然在這個兒時原本害怕恐懼的夜裡，忘卻兒時的膽怯，盡想緊貼著初中校園外面的圍欄，仔細看看：到底裡面是不是有一隻水泥做的「海狗」？

藉著守門值班警衛室透出的微弱光線，我極盡所能地看，用心的程度就像在看一個解讀前世今生、命運輪迴的水晶球。杜鵑樹叢枝影交錯，我看到了。裡面真的佇立著一隻水泥海狗。嘿！真的是一隻海狗耶！而且是兩頭一邊一隻。俗麗匠氣的線條勾勒出海狗的形貌，原來這麼小，可能在這裡天天上學放學的人也不會留意到它的存在吧！是不是它也如此平凡得像池子後面的教室樓舍……？沒有人看得出那裡曾經在淹水的颱風夜救過我們母子全家的命。

午夜十二點整，此起彼落的鞭炮聲響起，守夜的人也在校門口燃起一串應景的爆竹，加入了整個台北守歲的行列。對於他來說：「守歲」或許不過只是守著每年、每天、每一個同樣的夜，但今晚的此刻在我的心裡卻這麼的不一樣。

「劈里拍拉！劈里拍拉！」

整個台北城現在像我一樣，正沉浸在生命記憶的炮火洗禮中。今晚，這個城市將會到處奔竄著流金消逝的歲月，彷彿空氣一般，任何人都可以隨便呼吸到，卻永遠捉摸不定這若即若離的情緒。等到明天朝陽乍現，整個今古交融、現代與傳統夾雜的城市又要迎接嶄新的風景。

旅行外國多年，有機會再回來看看這片孕育自己成長的土地，乃是何其幸福的事。這次我不想再從什麼迎春接福、除舊佈新的祝賀聲中，守住今晚除夕的歲月；而是遠遠地陪著一隻塵封記憶裡殘留的「水泥海狗」。

它，才真正為我默默謹守了過往幾十年的歲月。

心情心靈的脈動

餅乾——超越陰陽時空的見面

早起的鳥兒

不知道那天為什麼會醒的那麼早？

抓了幾片餅乾就衝出家門，剛好一台公車才停好我就立刻跳上去，摺疊車門沿著我背部微凸的兩塊肩胛骨快速滑過，司機「碰」的一聲把車門遙控關上。滿車的高中生把這趟早班交通車擠得水泄不通，我連想把腳挪上一格階梯的空間都沒有，只能仰望那群左手拉著吊環、右手還捧著教科書跟參考書，一路顛簸中展讀背誦的學生們。

對於這般景象其實我一點也不陌生，因為就在九個月前，我為了失利的聯考才在補習班狠狠苦讀了一年，也曾是他們其中的一個影子。只是考進大學以後的我甚為頹廢慵懶，老早忘卻臥薪嘗膽聯考必勝的勵精圖治，連這每週五清晨八點第一堂三學分的重點主修課程「普通心理學」都已缺曠多次，能趕十點溜進新生大樓三樓教室最後一排，等老師援例下課前點名喊聲「到」，就很不錯了。

低頭看看自己手中還抓著好幾片突兀的餅乾，我怎麼敢吃呢！對比起這群用功閱讀的好孩子們，我突然顯得相當自慚形穢。他們不時飄來幾雙分心游移的目光，都會逗留在我那些黃油油的奶酪餅乾上，晨光把黏附在表面的鹽粒閃耀如晶亮鑽石。公車迎向東昇的旭日開了好長一段路，乘客滿到接連過站不停，於是我索性倚靠車門，陪整車莘莘學子同步閱讀著我手上讓朝陽點亮的餅乾。

斜射刺眼的太陽讓人無法直視車頭前方，我卻隱約感到車內每個中學生都還是在凝視著我。不會吧！他們是不是在神遊想像：等到熬過了這一連串上課、補習、隨堂測驗、期中考、期末考、模擬考、大學聯考，他們就可以像我一樣自由自在！留長髮、穿潮服、談戀愛、遲到翹課、打混遊蕩、揮霍青春。甚至，終於可以把手上惡補的書本全部都給扔掉，換成一根香菸，或是像率性的我拿著不守規矩、違反衛生的一把沒包好的奶酪餅乾，撒得到處都是凌亂的殘屑。

總算，兩所高中的男校和女校依次靠站，學生們一批批群集著同樣的制服、各別走進同樣制式的校門。車上空位多了，瀏覽一圈發現我果然是唯一的大學生，其實昨天、前天、大前天……我也跟其他的大學同學一樣，夜裡打遊戲、搞電玩、看電視、翻啃武俠言情小說，這一大清早自然還是大學生們的「冬眠期」，我根本從來就沒在清晨六、七點踏進過臺大校園的椰林大道上呢！

一路從考古農推洞洞館、動物系大鯨骨館左右包夾的校門望去，總圖書館、傅鐘、文學院，由左轉向普通教室，再背對大操場穿越花木扶疏的通幽曲徑，就是傳聞最多學生殉情自殺的醉月湖，這正是我徒步到新生大樓的捷徑。還好現在是陽氣充足的清晨，不然聽說夜裡都會遇到女鬼跟行經的學生路人問：「現在幾點鐘？」學長一代傳一代叮嚀囑咐男同學絕對不能回答：「十一點」啊！因為聽說她就是為了沒有來湖心醉月亭赴約的男友，等到了深夜十一點，恩斷義絕而跳湖自盡，所以如果有人傻呼呼去提醒她十一點到了，鬼話傳說就會被她給一起「抓交替」帶走。我回頭看看，今天校園裡孤懸湖心的醉月亭還真的把不吉利的橋都給拆了，或許真的是應驗了那個古老的傳說嗎？

清晨校園的鳥鳴雀啼，第一次呼吸這般清新的空氣，我一面吃著餅乾、一面回頭偷偷細數跟在我背後的小麻雀到底有幾隻？因為香酥的餅乾碎屑讓我再次成為一如方才公車上眾家目光的焦點，麻雀才不會嫌惡我的奶酪餅乾弄髒了車廂，反倒是群集感恩地跟著我後面亦步亦趨。終於，當我的腳步停在新生大樓的正前方時，五層樓上面所有早起的鳥兒都紛紛迎向我展翅飛來，重疊復刻了剛才公車上那樣，到處都把我團團圍繞的情景。

墜落的靈魂

「天啊！那個是什麼？」

我嚇得魂不附體，順著飛鳥來處的頂樓，怎麼站著一個人？那麼大，應該不是一隻鳥吧！我驚訝到連手上的餅乾都拿不穩掉下碎了一地，麻雀立刻在我腳前搶食，幾乎快到水泄不通的地步了。

我抬頭定睛一看，是一個長髮凌亂的男生，他面向旭日東昇的太陽，好像在大聲說話，嘴巴明顯地嚅動，振振有辭地朝著新生大樓對面的女生第九宿舍。他，怎麼有著我在公車上仰望那些中學生，背書誦唸到自言自語一般痴狂呆滯的神情？至少台北絕對不會有如此用功的大學生，一大清早非但不賴床，還爬到那麼高，卡位站在最頂樓奮力背書，準備即將到來的本學年度最後期末大考。

「碰！」

太快了！我一時回不過神來，霎時眼前一片漆黑！

真的是太快了！比公車遙控關門還要飛快的速度，大概只有三秒鐘的光景。只見他喃喃自語才說完話，緊閉雙唇，眼睛睜得大大盯著前方，他不是鳥，然而雙腳卻向前奮力一蹬，直直摔裂在我的跟前。麻雀嚇到四散逃竄猶若崩解的鵲橋，如此逼我低頭目睹迫在咫尺拋來的這一具，頭顱噴灑血漿還冒著蒸騰熱氣的屍體。

我快要不能呼吸了。

不只是濺起的黃沙塵土籠罩著——我跟他，立刻也嗅到他如碎裂餅乾般的遺體散發出腥羶的氣味。我知道自己快站不住了，於是我硬撐著身體，告訴自己絕不能向前昏倒壓在他的屍體上面，絕對不能。可是我想抬腿，學雀鳥輕盈離去，卻又搬不動自己的雙腳。最後我倒是連頭都抬不起來，無可逃避凝視著他年輕的軀體——雙腳扭曲變形、脊椎可能斷成三截、腦漿鮮血濃濃攤了一地。讓人看得最難過的是他那依舊圓睜的雙眼和微張的嘴唇。

這麼早的校園裡就我們兩個人，一個生命的殞落竟然這麼快，剛才他還活跳跳，怎麼一剎那就變成了個被剪去懸絲提線的傀儡木偶，砸碎橫陳在我的面前。難道我今晨的早起，就是風塵僕僕趕過來見他的最後一面？

他散亂的黑髮披蓋到了我餵麻雀的餅乾碎片上，難怪小鳥不再回來，哪像懦弱膽小的我舉步維艱，註定陪伴他走過黃泉道上，此際第一段最零丁惶恐，也最孤獨無助的路。我不知道自己到底是怎麼了？眼淚簌簌流淌，如果今生我們有緣，相逢、相遇、相識、相知、相「見面」，為什麼趕在他生命最後盡頭前的幾秒鐘，才讓我們「見面」？知不知道啊？我在自己未來生命幾十年的歷程裡，都將無法抹滅這一幕。

救護車來了。他們把我扶到旁邊的樓梯角落坐下，要我敘述目擊這起事件鉅細靡遺的完整經過。我聲明自己只是一個趕早來上課的大一新生，巧合走到這裡，就看到他跳下來，摔在眼前。

「我真的從來也沒跟他見過面！我真的不認識他是誰？」我無辜在應答。

「那他為什麼不跳去找別人，偏偏跳到你的面前？」校警看似冷靜理性，卻荒謬至極繼續質問我。

「我怎麼知道？」我答畢，差點氣血攻心也要昏死過去。

創傷的徵候

留完訊問的筆錄資料後，我迫不及待衝進三樓還空蕩蕩的教室，鑽進最後一排靠窗邊最角落的座位，把頭埋在雙臂裡佯裝睡覺，全身還是抖動不止。直到陸陸續續聽到了男男女女同學忽遠忽近的說話聲，我才緩緩抬起頭來，這倒是發現了晨曦旭日正如聚光燈般探照著我。同學們可被我吸引過來，真是無聊煩人透頂，居然把我給當成了舞台C位的大中心焦點，全員像極了早先的麻雀一樣，紛紛朝我圍攏了過來，道聽塗說，七嘴八舌。

「我們剛才還在猜你這個人到底是誰呢？是不是昨天進教室就打瞌睡的別班同學，放學了大家還叫不醒他，就乾脆任他睡到了現在？哈哈哈！」

「你知不知道有一個工學院機械系還是電機系的大馬僑生跳樓自殺了！」

「就在我們下面，屍體才搬走耶！」

「他在馬來西亞的家人要是知道，一定會哭死了啊！」

「為什麼不珍惜年輕的生命，要去自殺呢？」

「他是踩在新生大樓的頂層，為『情』自殺！」

「面對他女友女九一〇四室的宿舍窗口，直接跳下來的哦！」

「他的女友是農學院農藝系還是農化系的，聽說為了要好好用功讀書，因為上大學就太混，生物化學和普通化學兩科都快要被死當，兩次『二一』！」

「女友想要努力準備期末考，就跟他疏遠啦！結果沒想到他整晚站在女九宿舍門口等她出來『談判』，守了一夜，她都倔強嘔氣沒肯走出來『見面』。」

「我們女九宿舍今天可是一早就鬧得是沸沸揚揚，亂成一團。聽說竟然有男人為我們樓裡的女生殉情跳樓自殺了！大家居然不是人人自危，反而好希望是自己浪漫深情男友的告白耶！」

「他的女友躲躲藏藏，後來好像有從女九宿舍偷偷過來祭拜過他，還帶來給了他生前最愛吃的東西哦……」

同學們你一言、她一語，我是一句也接不上，腦海中還是他那依舊圓睜的雙眼和微張的嘴唇，還有那些餅乾碎片上披散的髮絲。我怎能跟同學說：今早我有跟他「見面」，目擊到有人突然活生生就摔死在自己的面前，還差一步就像以前那個賣肉粽的，不幸被跳樓尋短的人給砸死。同學們一定光是聽聞就會被我給嚇死！

我確定，這起事件根本就在懲罰我，兩學期以來惡劣曠課的因果報應。一定是「普通心理學」教授蓄意在我眼前，示現了一段催眠臨床治療「家族排列」，深入體驗「綜合創傷徵候群」的活教材！既然翹課又不專心研讀課本學習，那就讓我親身實況經歷吧！

老師上課了，今天真的講述到「變態心理學」的抑鬱症和創傷徵候群，我第一次這麼想用心聽課，卻一個字也聽不進去。腦海中還是他那依舊圓睜的雙眼和微張的嘴唇，還有那些餅乾碎片上披散的髮絲。

三個小時的必修課在老師照例的點名中結束。同學們相互結伴，提醒小心避開，以免踩踏沾染到清晨命案的血跡。我卻反其道而行，偏偏莫名其妙硬是無法控制自己，盡往他跳樓落地陳屍的位置靠近。果然附近連個人影也沒有，一如今天大清早我曾經身處的光景。不知道為什麼？儘管我的心裡始終避之唯恐不及，但是此刻的雙腳怎麼就是全然不聽使喚，簡直不是自己的一樣，正被拖曳牽引地走回到了事發現場。

他的遺體已被搬走，可是我仍然清晰確定落點的位置，因為黃土地上無法清掉那一灘濃濃的血漿，特別是我掉落在旁邊被麻雀吃了一點點的餅乾碎片。

霎時我發現了一個奇異的景象。

「咦！怎麼又有「餅乾」？」我忍不住自說自話。

只見濃濃的血漿上面飄浮著三片完整的餅乾，確定和我掉在一旁地上的餅乾，正是同款牌子也是同種口味的，但並不是碎片，所以確定不是我的餅乾。難道這就是同學們在教室裡傳說的：他的女朋友來過了，還給他帶來了他生前最愛吃的東西去祭拜他。而他生前最愛吃的東西——竟然就是我今天早餐在吃的那種鹹滋滋的鹽粒奶酪餅乾。

愛情的表述

五月天正午的豔陽把金黃色的餅乾照得光鮮亮麗，尤其是襯在深朱重赭的血漿上。我可以想見「心理創傷症候群」的人，連我都難以平復，不要說「他」為「她」而死的那個還活著的「她」，內心的打擊創痛勢必更為無以復加，又將情何以堪！她一定是從宿舍帶來了他倆交往以來，共同最喜愛的那種鹹鹹奶酪餅乾，像三炷馨香一樣，偷偷趕過來用三片餅乾陪他走上黃泉之路。真不知道當時她要如何閃躲掩避全校好奇八卦的人群，又要如何潛入找到這個跟她就此天人永隔的鬼門關口？

我突發奇想：或許當她看到，他的鮮血淌在有如屍體同樣散落的餅乾碎片旁，是否稍微能略感一絲絲的慰藉？至少，她可以確信：在他離世的那一瞬間，他有帶著他們「定情物」一樣的餅乾，陪著他如同大馬劍客一樣，瀟灑揚長離世而去。於是，她再放上了三片象徵破鏡重圓的完整餅乾祭奠於他，就讓今生今世所有無法挽回的遺憾，以及一切一切一切的不圓滿，且就此「還酹江月」，盡付於那三片浮在血雲上，圓滿明月般的餅乾吧！

烈日籠罩下新生大樓前杳無人跡，晴空萬里大地欣欣向榮。太陽是不是鳥瞰到了這個生氣蓬勃的校園裡有個晦暗哀慟的角落，一個人蹲在地上凝望一灘血？這個人，從剛才的一名「女生」換成現在的一個「男生」。四下死寂幽靜，讓我聽得到內心臟腑的蠕動顛跳，讓我看得到一段與我毫無關連的戀情，究竟是如何「如露亦如電」般，殞滅成眼前血漂餅乾上的「夢幻泡影」。

鋒銳如刀的陽光又一次針針點點穿刺在餅乾晶閃如鑽石的鹽粒上，八心八箭繽紛豔彩，娓娓道來他們是如何飄洋過海來到這所大學校園裡，相逢、相遇、相識、相知、相惜、相愛，朝夕相「見面」。我居然讀不到一點恨，都是情、都是愛。難道死亡也是一種對於愛與情「各自表述」的詮釋？難道他們用這樣的苦難成就了彼此，冰封凍結成另一種生命恒久的唯美停格？即使永遠不會再「見面」，也將擁有兩人永遠不會變淡、變冷、變淺、變老、變壞、變質的愛情？

我兀然失笑起來，蹲在地上的自己怎麼變成了《紅樓夢》裡的「賈寶玉」，同樣夏曆五月烈日下，竟蹲在地上凝望著戲子齡官，她旁若無人失魂落魄在傾心思慕著，那位玩弄她的公子哥兒賈薔。她正用秀髮簪子在黃土地上寫著一個又一個「薔」字……。同樣都是一段不受祝福、更沒有結果的愛情，但這「愛」的本身其實毫無區分高下優劣、對錯短長，早已令我像寶玉陪著淋雨不發一語，卻萬分動容不能自已，足足教人生死相許。於是，我把先前散落在我腳前的餅乾碎片，試著拼回它們原本圓潤飽滿的形貌，再讓它們也漂浮在濃濃的紅漬上。只見血漿立刻把這三片拼好的餅乾牢牢黏附，伴隨原本完整的三片，彷彿我們三人一起回歸到了紅色氤氳的宇宙混沌之世，共同組合成了天幕上一輪圓圈的巨大金月，恰如蘇東坡《赤壁懷古》的結語：

人生如夢，一樽還酹江月。

儘快抽身離去，因為我深信那個女生一定會在落日前再回到這裡，為了她昨晚的賭氣爽約不肯見面，在夕陽餘暉中，她將陪他度過第一個幽冥廣寒淒涼的黑夜。希望她會像看到英國麥田圓圈上外星人回應的圖案一樣，驚喜發現地上多了三片破碎還原的餅乾，那將會是一種穿越時空陰陽的「摩斯密碼」，平撫安定三顆年輕悸動的心靈。

謎底的揭曉

時至今日這件事已經過了整整四十五年，從青年、中年、到老年，我也曾受情所困、為愛痴狂。面對那些我此生永遠無法挽回的慨歎，終究也無風雨也無晴——只要想到那三片圓滿的餅乾和那三片破碎的餅乾，就能消泯解脫各種人生破碎不圓滿的遺憾。

未料，近日從一位金門作家朋友所公布的年少日記裡意外讀到，原來當年同為雙十年華的臺大馬來西亞僑生跳樓自殺殉情的女主角，竟然乃其筆友；她還曾在回信中詳述了當年電機系男友為她跳樓前後心情的百轉千折，希望眾人能夠「請為生者好活」。讓我更為意外驚訝地是，這個農化系的女生後來參加了作家幫她補報名參加的耕莘新聞營，繼而改讀了政大新聞研究所，還跟我前後期考入了同一個新聞工作單位。她甚至就在我旁邊，跟我鄰坐了整整五年，曾一起採訪我和她共同主跑的財政經濟新聞路線、一起轉播主持過幾次重大財經政策記者會，郭婉容部長的股市證所稅開徵中外記者會，真是熟到不能再熟。

多年以來我卻始終渾然未知這個「她」就是他的那個「她」——他們都跟我一樣，也偷偷愛吃那種鹽粒奶酪的金黃色餅乾。我經常新聞忙碌餓肚子，還會到她抽屜裡去翻出這種奇福餅乾來充飢。後來她和一名攝影記者同事戀愛結婚又協議離婚，接著去職立足於不同的事業領域，都做到風生水起甚為成功。最後一次「見面」是在一個五星級酒店的餐廳，我正和齊豫學姊與潘越雲開會，準備合作紀念三毛的活動。她從我背後叫住了我，短暫話舊合影，我們依然如往常談笑風生，開心快樂地前俯後仰，喊著僅有我能叫她，跟其姓名諧音的綽號：「鹽奶」。

她知道我考到了國家最高級的心理諮詢師執照，提到有空要找我好好聊聊。道別之前，她笑著用手摸著我的臉龐說：

「我好希望像你一樣快樂！」

沒想到不久後，當我再一次聽到她的消息，竟然就是：她在深圳跳樓自殺身亡，享年五十七歲。

三十七年後，難道她真的去赴約了？

見是緣，面是份，「見面」是機遇緣分。

只見一面卻終生難忘的陌生人、天天見面卻未必認識的共事人，穿梭陰陽時空，始知人生「見面」猶若大疫之年的「一期一會」。我這一刻才恍然大悟，命運原來一直把我們三個人圈畫在一起「交錯見面」，就像那三片圓滿的餅乾，也像那三片破碎的餅乾。

聚散的見面

新冠疫情期間全球宅居，我一度足不出戶。人人不得見面，見面亦口罩隔絕、保持社交安全距離，即便見面不見心。三載過去了，自以為是躲在桃花源，面對這種亂世的靜，倒映出浮世緣分；轉身數十載，多少一面之緣皆不在意，有時聚是散，有時散是聚。

夜裡，不顧新冠肺炎疫情台北三級加強警戒的限制，我得以通識教育教授的身份輕鬆出入校園。

我選擇了那條四十五年前由椰林大道通往新生大樓熟悉的捷徑，穿過醉月湖畔最陰森魅黯的小道，我驚訝自己一點也不畏懼，尤其是當我摸黑辨識到當年她的男友跳樓落地的位置時，內心反而油然而生成一種釋懷開闊的恬適。

是的，我們三人又一次跨越陰陽時空，匯聚在臺大校園的這個角落裡「見面」了！

此刻，鳥瞰著人生這一幕的，則剛巧是高掛夜空天際大大圓圓的「超級血月」，正在全世界眾所矚目的月全蝕天文奇觀下，見證著我們「三個人」跟「六片餅乾」的「見面」。

我從口袋裡取出了預藏的六片同牌同款完整的鹽粒奶酪餅乾，放在三十七年前那灘血漿曾經留淌的地方，又一次排成了一輪圓圓飽滿的明月，天地呼應，遙祭兩個先後墜樓殞落的生命。

原來皎潔的月光一樣能把餅乾上繽紛的鹽粒閃出晶亮耀眼的光澤，一如他微張雙唇上圓睜的雙目，看著我們由少到老、從生到死，看著周圍的世界物換星移、滄海桑田。當然，也看著我們三人最後一次的「見面」，已然擁有全數豐盛圓滿的六片鹽奶餅乾，終究回歸校正、團圓匯聚——「見面」在這個位於愛情的生命座標交又點上。

不知道我和「他們」今生最後會以這樣的方式「見面」。

沒想到我和「他」曾見到的第一面，也是最後一面。

沒想到我和「她」曾見到的最後一面，竟然也是我重新認識她的第一面。

是啊！

就是這六片餅乾，讓我們一直「見面」。

我和我的影子
——塞車與孤獨

魍魎追影的人

罔兩（魍魎）問景（影）曰：「曩子行，今子止，曩子坐，今子起，何其無特操與（沒有自己的主見嗎）？」

影曰：「吾有待而然者邪，吾所待又有待而然者邪。吾待蛇蚹（蛇蛻皮）蜩翼（蟬脫殼）邪？惡識所以然？惡識所以不然？（不知道為何這樣或不這樣）」

——莊子《齊物論》

隨著工商業發展，一九八〇年代的台灣社會在生活形態上，很明顯地呈現出一種在傳統耕讀禮教與西方都市文明，過渡下特有的矛盾。對無數朝九晚五的上班族而言，也許維持一份差強人意的生活並不困難；然而在工商業冷酷的現實生活中，一個個有如機器螺絲釘的人們，往往探尋不著自己生命的意義與生活的價值。

面對如滄海一粟的茫茫人海，外在社會的日趨繁華似乎只換來更多的孤寂落寞。但是，境可由心生，現代忙碌的台灣人如果能提昇自己心靈的境界，未嘗不可為自己單調而枯燥的生命，開啟另一處嶄新又可愛的桃花源。畢竟，有人在塞車的例行等待中感慨，也有人在飆車的狂放刺激中麻痺，這些人都不免坐視感動古人的明月清風黯然消逝，也教光照古道的聖賢豪傑悄然隱蔽。

其實，生命可以是一份常永恒的喜悅，並不會受到時代變遷而有所改變，只要懷著真誠的心情，即使身旁的影、天邊的虹都會成為喜悅不竭的泉源。就像莊子說的故事「罔兩問景」：罔兩（魍魎）是影子周邊一層似有若無的微影，有一天它向影子抗議——你一下坐一下站，行止不定、起坐無常，為什麼不能有點自己的主張呢？害得處處都得跟著影子行住坐臥的罔兩非常生氣。結果「影子」告訴必須依附等待著它的「罔兩」，其實自己也是同樣無奈地必須依附等待著「人」，它自己也不知道為什麼這樣？或是為什麼不這樣？一切猶如蛇和蟬一樣，他們本身毫無主導自己生命的主見，只能跟著就蛻皮了、或是跟著就脫殼了。

我們生而為「人」，孤獨來去數十載人生，豈不也像被我們「人」所擺佈牽動的「影子」，以及被「影子」擺佈牽動的「罔兩」。如果不能參悟這一點，那麼孤獨無奈將啃噬著我們那看似也完全被所謂「命運」擺佈牽動的「人」生。

面對孤獨的人

一九八八年一個下班的塞車陣中，台北市八德路嘈雜的車聲在黃昏梅雨中喧騰著。

我照例繞著路口正在拆除的圓環駛向回家的路。雕像拆撤的僅僅殘存基座的圓環自然不復見往日的光彩，而紅綠燈號誌故障下，圍繞的更是一灘壅塞的馬龍車水。好奇心驅使我透過茶色玻璃，望向鄰車的駕駛們，稀疏的燈影微微顯映的盡是一張張煩悶木然的臉。

我和我自己的影子，一起在街上遊遊蕩蕩……。
喔！夜風吹，我和影子共陶醉！

車內收音機裡傳來了這麼一首低沉沁涼的歌曲。

「叭——」突然間一輛公車就像龐然怪物般緊貼近著我，側方擠入我跟前僅有的空隙。公車的煞車燈鋪灑出我滿面的奼紫嫣紅，我這一輪清晰的人影就在此刻，驚歎公車司機神乎其技之餘，再也看不清前方的路況是通是堵、欲走還停？反倒由後視鏡裡看到了我自己，還有我自己的影子。

「我和自己的影子？」——哈！心中一時不覺莞爾。

再次看看等待中的車陣，每位孤獨的駕駛身旁，不也都伴隨著一個個忠實跟著他們的身影！瞑想中，腦海裡泛起了莊周的寓言——影子與影邊微陰魍魎的對話：

吾有待而然者邪，吾所待又有待而然者邪。

影子的或動或靜、或坐或立必須等待隨從人們形體的指示，而人們的形體似乎又在冥冥中必須依循造化之神的指示，正像另一種解釋，認為正好似蛇的腹鱗、蟬的雙翼一樣，無法獨立自主。這意境充滿了何其無助的感受，即使歷經千年，其所傾吐之無奈寄旅卻無二致。堵塞於車陣中的孤獨無奈，或許真的只是人生裡一個具體而微的縮影吧！這一瞬間我也彷彿竊竊聽到自己的影子和魍魎正在如是悄悄對話，畢竟，誰也永遠無法預知哪一刻車子會忽然暢通，哪一刻又會莫名壅塞了！多變的交通、多變的世事；無奈的交通、無奈的世事。

面對此等光景，人生有時在生命旅途上也會像一輛輛塞住的車子，無奈擱淺在一個個街頭陌生的角落，孤獨而無助地在等待中慢慢煎熬。那一瞬間，刻骨銘心的時候，或許真的沒有任何朋友，甚至於更不會有什麼歌曲來護持陪伴——只有一個人，和他孤獨的影子。

看看自己，看看別人，喧鬧的車陣裡似乎每個影子上都寫著孤獨。「孤獨」好像成了現代都市人無可豁免的義務。既然搭起了石林樓宇的藩籬、祭起了紳士淑女的尊嚴，不料屢次反覆侵襲心靈的孤獨便皆得靠自我填補；遑論親族寡眾、友朋周比、得意失勢。誰教冠蓋雲集、高尚繁華的廟堂鬧市也同樣點綴著一顆顆孤獨的心靈。

重新學習著「面對孤獨」、「體會孤獨」，進而「享受孤獨」，或許正是現代都市人必須開發的潛力！

對影交談的人

管他孤不孤獨，車子總算千曲百折地攀上了復旦橋，只不過才牛步蝸行的爬上橋頂，眺望下方的十字路口又是一陣紅、一陣綠的燈號，形同虛設地照耀靜止的車陣，活似耶誕節慶前夕閃爍的霓虹。

在都市叢林裡，身處這樣難得的「制高點」上，暮色中朦朧的五指山湊在遠遠近近初亮的招牌裡，還真是「浮萍斷處見山影」；至於遠方天際映入眼簾的明月，更令我在這孤寂的一刻倍覺溫馨。此際，胸中洋溢的盡是陶淵明「欲言無予和，揮杯勸孤影」與李太白「舉杯邀明月，對影成三人」的浪漫。面對池長的車隊、遙遙無期的行進，雖然孤獨還是我唯一能詮釋的；但體會著月下獨酌、伴影相談的心靈抒發，比起鄰車一個個同般境遇的世界，我似乎顯得豐盛得多。

行行止止的歸途上，我便繼續縱情地依循著莊子的意境，開始試圖和我的影子對話。

「影」，的確給人一絲迷茫的意象，也給人一分孤獨的感受；不過，愈是孤獨，「影」似乎愈顯映出人們的內心世界，直教愈沒有自信的人愈不敢探觸它。無怪乎，在忙碌緊張的工業社會裡，此等情境對於現代人來說，顯然太過奢侈。或許人們由不信任旁人開始，最後已經連自己也不再信任。一顆顆封閉於自尊的心靈，就像眼前一扇扇緊閉的車門，沉悶在一個個虛擬苦悶的空間裡。如果把車廂外劍拔弩張的擠車架勢，比之於現代人際關係的疏離與競爭壓力，那麼，至少在車廂內另一個可以掌握的天地裡，或喜或愁的心境還是可以自我營造的。

就像每一首浪漫瀟灑的詩句，背後都曾經在歷經了一段孤獨挫折之後，才燦爍出熱切真摯的豁然開朗——不為五斗米折腰的陶潛、鐵杵磨成繡花針的李白，他們各自在不同的時空裡伴影獨酌的情懷，屢經波折才悟出「結廬在人境，而無車馬喧」的意境。即使渺小的人類真如莊周寓言中那般的無力與落寞，那麼不論眼前所居處於車陣壅塞的十字街頭，抑或人生寄旅孤寂挫敗內心交戰的十字街頭，至少我們還是可以藉著「心遠地自偏」的意念，不讓任何外在的形式拘泥了自我海闊天空的胸懷。

面對孤獨落寞的時刻，一個人何妨別吝於和自己交談——或者說得浪漫一點兒，跟自己今生至死不渝的「影子」做個朋友！到了那個境界，我和我的影子也許依舊孤獨徘徊，但超越了菩提與明鏡的形役，自將湧現「本來無一物，何處惹塵埃」的喜悅。

心靈殘障的人

塞車還是無盡的等待。

搖下車窗，吸點台北街頭入晚的氣息，順便也抹去陰濕玻璃上的那片濃霧。不自覺地，我把目光拋入鄰道的公共汽車裡，看到一個個背著大書包的莘莘學子，從小學到中學，正和我一樣等待在動也不動的回家路上；升學、聯考、出人頭地，父母的期望更是鮮活的顯映上他們稚嫩的面龐。這群我們的國家主人翁在此刻所交織的——從小學生的才藝補習、英文先修，國中生的越區就讀、課後輔導，一直到高中生的升學惡補、聯考衝刺，又是一種怎樣的情懷呢？

我繼續和我的影子交談，而他們的身上卻處處記錄著我自己成長的影子。教育的制度和現實也許塑造了台灣愈來愈多不快樂、也不會和自己「影子」交談的「新生代」，然而另一份親子師生間的主觀循環，卻也佔據了更多現代都市人殘障的心靈。師長的主觀固然充滿愛心，但也不免武斷的單向投注於學子身上；而輪廻的學子又將如此去對待著他們的下一代。只是，愈來愈多不會溝通協調、缺乏獨立思考、更毫無生活目標的人，竟然就此充斥了我們的社會。

混沌的交通、混沌的社會；殘障的交通、殘障的社會。

一個個「心靈殘障的人」最後造成的，不過是人與人之間更大的摩擦與疏離、更無助的孤獨與無奈，以及整個都市社會精神層面的身心重度殘障。

車子現在行經東區頂好市場附近的繁華市街，人們在那兒正盡情地滿足個人口腹之慾的快樂——不管是吃的、穿的、用的，或是五光十色的官能享受。人人都在追求快樂，如同沒有一部車子不會在乎速度。可是，在蜂擁的追逐、背道的奔馳下，最後竟沒有人在壅塞車陣中得以快速到達目的地，也沒有人在俗塵中得以快樂悠遊。

不僅如此，面對無常的命運，人們卻總愛處心積慮去鑽營探求著各種算命通靈」的途徑，反倒荒蕪了屬於自己性靈的一片耕讀天地，任憑映照著自我心靈的影子逐漸掩埋在淒淒蔓草的蒼茫間……

提昇孤獨的人

車子緩緩駛離了忠孝東路，橫梗於前的又是另一段阻塞的圓環。但見摩托車騎士們勇猛無比地穿梭，在靜止狹窄的車陣間向前轉進，而我則只能不時投以無奈的眼光。天色更暗了，想想一九八八年每個台北人的黃昏似乎都在一寸寸前進的快車道上度過，而串連起每顆禁錮在車窗內的心，不過只是個俗常的景觀罷了。畢竟，一輛輛渺小的車、一個個渺小的人，就像淹沒在大拼盤菜色裡的小芥末，連身影都是模糊的。至於，我和我的影子，在車陣、在人生，何嘗不俱如滄海一粟般微弱渺小，甚至還不斷聽得到我的影子和魍魎正千古不變的嘲諷著！

霎時，孤獨中的無助溢滿心頭，就像當年隻身赴美深造的第一個異鄉之冬；踏在康乃爾的雪丘上俯眺綺色佳妝點著銀白的湖光山色，心中吶喊的卻是陳子昂的孤寂落寞——「念天地之悠悠，獨愴然而涕下」。當時那分困惑不僅僅來自前途未知的惶恐，更來自於一分古今皆同的孤獨。

或曰：逆境如塞車；人生之逆境恰如台北之交通，塞車十之八九。

人生是否真的如此淒楚而無奈，一如莊周指陳的那無法自主的形影呢？假若人真的渺小到只能印證宿命的無力，那為何：生仍有榮卑之異、死更有輕重之別呢？當風簷展書，一個個撼人心弦的古今豪傑，哪一位不是在內心孤獨的磨難中，履踐了他們的鴻鵠大志？

孤獨落寞的掙扎並不可恥，一如大詩人屈原在橫遭攻訐放逐後大嘆「孤子吟而放淚兮，放子出而不還」；大史家司馬遷在慘受閹割宮刑後謂己「隱忍苟活，函糞十之中」。重點在於他們歷經孤寂挫折卻能昇華哀憤，提振志節才最為可貴。往聖先哲無一不是將流轉於有限個體中的悲愴孤獨，提昇為無窮生命意義中的轉捩契機，也唯有如此范仲淹寫的「不以物喜，不以己悲」才得以光照古今、永恒不朽！

轉入熟悉的狹長巷弄，拋離了大街上那些喧囂車陣中孤寂的心靈。下車鎖好門，總算可以走上一段靠自己步伐來控制時間的歸程。哼著車上那首旋律優美的歌曲，但見皎潔的月光下，對樓的鴿舍早已是回巢安歇的寧靜，只留下招引的紅旗木桿戳破濃雲，任憑張先靜賞花月倩影：「雲破月來花弄影」。

晚風中，親切的屋宇透出微暈的昏黃，踏過濕漉漉的人行道，一路低頭只見：繽紛的落英間，鑲嵌的還是我——我和我自己的影子。

蝴蝶夢——飆車物語

昔者莊周夢為胡蝶，栩栩然胡蝶也，不知周也。俄然覺，則蘧然周也。不知周之夢為胡蝶與？胡蝶之夢為周與？

——莊子．《齊物論》

撞擊

每個萬里晴空的假日都不覺燃起我奔向廣闊大自然的衝動。

踩足油門急駛在北投的大度路上，熱切的心隨著益增的速度迎向繁囂市區外，一片更寬敞亮麗的天空。窗外閃現的不但是一條筆直的大道，更是屬於山水風雲的一切永恆。想起昨天週末的夜裡，就在這同樣的大度路上，才為了採訪飆車的取締新聞一直耗到大半夜，今天舊地重遊，相同的一個地點，完全不同的兩種心情，兀自會心一笑。

突然間，一隻蝴蝶撞上了我車子的擋風玻璃，我也直覺反射動作就在同步瞬間煞住了車，還好後方並無尾隨來車。只看見牠脆弱而繽紛的雙翅，正緩緩地順著眼前微弧的線條下滑，然後一動也不動跌落在雨刷的末端。聽不到一絲哀鳴的淒涼，唯聞那長長的煞車聲劃破了寧靜安詳的午后。

此刻儘管窗外的花香鳥語依舊燦爛奔放，我的心卻油然而生成著一種無法言喻的思緒——並非那突如其來的煞車聲響使我驚嚇，而是，僅在數秒之間，一個同樣屬於大自然的鮮活生命，竟在我的眼前匆匆幻滅，就在一秒鐘前牠的一生為我演奏出最後一個音符和永恆的休止符。

幻滅

幻滅？

對於許多人來說，一隻小小蝴蝶的幻滅不過是人類無數次有意無意，結束其他生物的黯黑定律裡，微不足道的又一次記錄罷了。但是，為什麼當下我的心頭卻泛濫起了一股有如彗星撞擊地球般的痛楚，無法自拔。畢竟，蒼穹下徜徉的彩蝶羽翼不該就此無奈地靜止，兩個同樣屬於大自然的生命，也不該在初相遇的一刻就此草草結束。生與滅的遞嬗也許不似蝴蝶一般短暫，但是卻也同樣在人類現實的世界裡上演一幕幕的輪迴上演。

起伏波盪的成功失敗終將交織出幻生幻滅，那是「希望」；刻骨銘心的相聚永別也終將交織出幻生幻滅，這些就是「人生」。每個人生似乎都帶著無窮的希望來到這世界，如同每個生物懷著天賦的本能完成著那些冥冥中巧妙的安排。難道一切的相遇都不是偶然，而是大家一起在共同賣力演出一場，造物主早就預設好的命題。

我們有追求希望的權力，它們自然也有實現輪迴的本能；剝奪它們未竟的輪迴，是不是正如同我們被剝奪的未竟志業一樣，兩者皆值得為其一掬同情之淚，低迴不已。

莊子齊物論中，莊周在夢裡化為彩蝶翩翩起舞，醒時卻又是栩栩如生的莊周。這使他不禁自問：到底夢裡的蝴蝶才是他呢？還是現在的他只是蝴蝶南柯一夢裡的化身呢？到底是我駕駛的車速引來了蝴蝶，還是蝴蝶引我加快了車速？蝴蝶和人都有「夢」，「睡眠時幻覺入夢」亦或「清醒時人生如夢」，豈不都在真實、虛幻間，不斷相互拉鋸併發著無數的可能。

明星

看著昨夜爭先恐後狂飆撞擊，毀棄於路邊的幾輛機車，令人目睹此景仍然驚心動魄。

在蝴蝶夢中，莊周化為彩蝶的那份超現實主義的意境，也許並非同樣在這條大度路上浪擲生命的飆車少年所能領略；但是民胞物與的情懷其實一直深埋在每個人與生俱來的秉賦中，也許只是紛忙的生活壓力扭曲了那份初始的純真，年少的懵懂無知也掩蔽了人類自古對生命意義本身的尊重。

再次踏上油門，駛過長虹般的關渡大橋，我不再以飛馳的速度交響在寧靜祥和的田野邊。靜靜的，我將車子駛靠蔓草的路邊，驅身走到窗緣，小心翼翼地捏起那對僵硬的薄翅再次看看牠，這也是我平生第一次這麼仔細地凝視一隻剛剛才死去的蝴蝶。那亮麗的色澤和清晰的紋理，似乎處處都流露著造物者細膩的巧思和無所不在的關懷。而我，現在僅能獻予給牠的關懷，只是抵著欄杆儘可能送牠到更深的田野裡，就像落花、殘枝、枯葉回歸到，那曾孕育過它們的土壤一般，至少不教牠被反覆輾壓在文明鐵甲的柏油路上。

乘著初春的和風，牠的身軀緩緩飄入草叢中的模樣，實在像極了一朵離枝的杜鵑——柔婉的薄翼正如輕顫的花瓣，轉瞬之間便傾心訴說了千言萬語。

我了解牠也有個尚未完成的夢，正如同千千萬萬位歷史上悲壯的英雄們，每每世人訴說他們的事蹟時，都會一次次排山倒海般地撼動我的心弦。不過，此刻的我竟突然釋懷，不僅為了萋萋深草中又依稀可見振翅昂揚的彩蝶；當我驀然回首眺望牠長眠的這片嫩綠芳草叢中，但見牠依舊是亙古最耀眼的明星。

秘密——誰是亞茲伯格

我發現了一個天大的「秘密」，公公竟然偷穿我小姑的粉紅蕾絲三角褲，真是噁心死了。

從那一刻開始，我這為人兒媳婦的，發覺自己對這位具有嚴重亞茲伯格症狀的長輩，非常鄙視。以前覺得他的壞脾氣只是剛愎自用，活在自己世界裡面的典型躁鬱患者，從講話、態度到神情完全不在意別人的感受，也不管別人有沒有遭受其傷害。現在呢，我根本把他歸類在變態病人之列，還好我跟他的兒子和孫子都住在歐洲，總算有冠冕堂皇的理由，離他越遠越好。

我的老公和兒子大概也有遺傳到他們家族，亞茲伯格症的一些行為舉止，只不過他們還算輕微，僅僅不太善於交際，經常活在自己孤獨的世界裡，但是頗能心無旁騖地專注投入一件事，對於學業和事業的表現其實是非常有利的。我特別在網路上找來一個號稱神準的「亞茲伯格自我檢測評鑑量表」，發現我家這對父子兩個男生測試過後果然指數都超標，達到了三十八以上具有顯著的亞茲伯格現象，唯獨我的評量結果指數只有三而已，超級正常無比，十分竊喜慶幸。

當心裡有一個自己意外發現的「秘密」，簡直像喉嚨裡卡了塊魚骨頭一樣，不吐不快。我開始會在跟幾個法國閨蜜，例行日常平淡的電話閒聊到最後，忍不住說：「嘿！我跟妳講一個祕密哦！妳不可以告訴別人。」

我心裡理直氣壯想著：「反正她們這輩子也不會見到我在台灣的公公！反正他老人家自己都敢做，我為什麼不能說？」

直到有一天我才發現：好像是我錯了。

因為才上初一的兒子有一天晚上從浴室洗澡跑出來，他不曉得我坐在飯廳的那個視角剛好是可以看到他的。我竟然驚見他裸露的身體像「白駒過隙」般匆匆掃過，立刻鑽進他的房間裡；但是他怎麼好像穿得是……一條迷你又透明的紅色內褲。我一再說服自己：應該是閃得太快，我看花了眼吧？千萬別大驚小怪。不過，隔天他上學後，我終於無法控制一個像我如此稱職的好媽媽，必須去探索這個可能的「祕密」。

我走進他亂成一團的臥室，拉開他的衣櫃抽屜卻異常整齊，翻到底層居然偷藏了兩條女生的內褲，顯然正是我一直找不到，還以為卡在洗衣機裡面不見的小衣物。

現在可好了，著實讓我這個做媽媽的愣了半晌，不知所措。

我的心裡極為懊惱：為什麼老天要讓我發現這種「祕密」，我真的不喜歡！我也不知道應該怎麼辦？在海外生活二十多年，我擁有一個簡單純淨又美滿幸福的家庭，人人艷羨稱讚。我也有很多好閨蜜、知交朋友，但是現在的我卻不懂得自己要怎樣去面對？周遭沒有任何人能夠讓我傾吐或請教，我也絕對不能讓他們，包括他的爸爸，知道我又發現了另一個天大的「祕密」。

難道是我在電話裡常跟閨蜜們，提及公公不可告人的「祕密」，遭致天譴報應？還是不小心被兒子偷聽到，於是好奇心驅使之下，把我的內褲也偷去給它試試穿穿看？不對！不對！若是這麼簡單，可以試完就好好放回乾衣機，或是丟在角落當成是未曾收妥的衣物，幹嘛還將其摺好珍藏擺放，像是隨時需要再拿出來玩賞一番？唉！難道老公家的遺傳，不只有「亞茲伯格症」，還有更嚴重的「戀物癖」外加「色情狂」嗎？

就在這個關卡，忽然我的手機響了。怎會這麼巧？正是兒子從學校打來的，難道他「發現」我「發現」他的「祕密」的這一個「祕密」嗎？我有點兒心虛地接起電話，若無其事應對著。原來是他們剛上中學開始，學校昨天新發下來，給他們課後學習用的 iPad 小平板忘了帶，請我中午幫忙他送到學校去。我趕緊準備出門前的更衣、梳髮、化妝、打扮，但我的手卻一直在微微顫抖著，連眉毛都幾乎畫不上。好不容易深呼吸了幾口氣才勉強完成，實在勾勒的不像樣！

拿好平板電腦才坐上車，我又無法克制自己不去開啟電源，一再告訴我：反正會有密碼鎖住打不開的，所以我也不會看到些什麼。偏偏兒子就是用他的出生年月日當六位數字的金鑰，立刻開啟一目了然。平板隨即顯示出他關機狀態先前最後還在流連的頁面，那是連接我們家裡的無線網路所看到的，也就是他昨晚第一天領到私人電腦，到底會在浩繁的網路世界裡，首要關注又搜尋些什麼呢？

螢幕上立刻出現了許多的照片和視頻，完完全全在我的世界裡從來就沒有看過的……。

我覺得自己全身腥紅發熱、冷汗直冒、胸口鬱悶，心臟都快要停了，還不時作嘔想吐。畢竟，我活到今天這把年紀，人生過程裡就是從來也沒有看過，如此令我噁心至極的畫面！怎麼出現那麼多男人大大小小的生殖器官，以及兩個男人還會抱在一起正著、反著、面著、背著、翻滾打轉著，盡做「那種事」……。

現在，這個「祕密」就算是卡在我喉嚨裡的鋼筋，我都絕對絕對不會跟任何人說了。尤其是不能跟他的老師同學說、不能跟鄰居朋友說。畢竟我是一向被推崇的美滿家庭、會賺錢又有IT專業顧家的好老公、一個資優生孩子……的這些大面子，還是要牢牢撐住扛好完美勝出的虛榮場面啊！我可以不管我的公公怎麼樣，但就是不能讓別人恥笑鄙視我的孩子呀！

然而，此刻我這做母親的真是徬徨失措，好怕孩子在孤獨成長起跑線的過程中出現小小偏差，如果沒有適時加以糾正調整，把他拉回到正途的話，將來會不會就「太慢了」？也就是會不會所謂「積重難返」？兒子可能未來一輩子還會恨死我了呢！於是我左想右想，決定必須帶他去「看醫生」。

我選擇了家醫科，也是與我們家庭有著二十年私交甚篤的專業家庭醫師。由於必須把當事人帶去診所治療，兒子當然就「知道」了我「知道」他的「祕密」的這一個「祕密」。不過，我懇求醫生絕對不能外傳這個「祕密」，他也再三拍胸脯保證，表示明瞭海外華人圈子很小，一絲絲風吹草動將引爆軒然大波。結果醫生的治療方式說起來非常八股，他對孩子「曉以大義」，講了一大堆生硬老套的教誨，也幫兒子開了一些藥，要求他按照三餐飯後服用。

「原來這類症狀還有西藥，可以開處方籤治療的哦？」我很驚訝，但是不敢開口問醫生。

讓我最難過的是，從那一天離開診所開始，兒子就再也不肯跟我說一句話，甚至連正眼都不跟我的目光交會一下。經常我煮了滿桌的佳餚美食，他都說不餓，要不然就是才吃兩口就回房去了，整晚都不再出來。等我們夫妻睡著了，他才去浴室洗澡，而且洗完絕對是穿戴整齊才踏出浴室。

我的直覺告訴我，因為我發現了他的「祕密」，又把他的「祕密」告訴了醫生，難道就把我這麼相夫教子的模範母親當成背叛的「吹哨者」，逐步疏離媽媽嗎？我為了這個家、為了生這個孩子，我犧牲了多少！犧牲我個人在台灣正賺大錢的事業，還要為了懷上他必須持續打黃體素、排卵針，受盡所有高齡產婦歷經的折磨煎熬，接著再從受孕、安胎、剖腹到哺乳、養育、教育，可說是吃足全本苦頭！他就可以如此率性不懂我的心意，跟我生氣嗎？畢竟「我是為他好」，才跟醫生說出他的「祕密」，他就要這樣恨我一輩子嗎？

難道我又做錯了嗎？——

是的。我又做錯了！

我們人生這段路上，做任何的事情都不能在心裡藏有上述的那些絲毫怨氣，否則將做不好任何一件事、說不對任何一句話，也寫不出任何一篇好文章的。

因為就是現在，我開始天天接到一些鄰居和朋友，大驚小怪打來關切的電話。

顯然我帶兒子去「祕密」看診的「祕密」被意外傳開了，這使得我實在怒不可遏，火速打電話向醫生求證質問。他無辜地說，真的不是他去講的閒話，他只有在枕邊被他太太一直疲勞轟炸追問：為何看診紀錄裡出現這對母子，竟不得已全盤托出；然而懼內的他一再強調，他真的有對其高貴的夫人三令五申：一定不得外洩「祕密」呀！

再來我就要請醫生倒是說說：開的到底是些什麼藥？莫非是金庸武俠小說裡的「五毒絕情散」嗎？為什麼吃了一點效果也沒有，反而造成親子疏離，連溝通對話的管道都徹底斷了！醫生慢條斯理、事不關己地回答：那些都是維他命B群，還有C和D3，以及Q10，都是用來安定情緒、穩住他錯誤的偏差行為。

我繼續聽下去，簡直更加火冒三丈，失態大吼一聲！還用力拍了一下他的桌子，甩頭就走。今生不想再理會他！絕對不要再跟他多說一句話！我不管醫生他從小狀元七年醫科榜首，卻連基本的人情事理都不懂得體諒！啊啊啊！我突然發現自己似乎瞬間懂得兒子現在面對我的心情，這豈不完全等同於當下我面對醫生的態度嘛！竟然都圍繞著一個「祕密」包覆了一個又一個的「祕密」嗎？

我也怒斥甩掛了好幾通閨蜜們過度關心的電話。她們紛紛打來，竟異口同聲提到：妳兒子的「祕密」跟妳公公的「祕密」，是否就是所謂的「隔代遺傳」……？

我像快爆發的火山，把什麼溫柔婉約、賢淑能幹的空洞令名美譽都拋到天邊吧！我真想回到自己知道這些「祕密」以前的日子。

我不該跟閨蜜把玩公公的「祕密」，也不該跟醫生報告兒子的「祕密」。他們爺孫從頭到尾就沒有傷害過任何人，反倒是我傷害了他們。

以前聽到廣播電台路況報導的笑話，還以為只是個笑話，現在終於發現：我就是那則笑話的「女主角」，居然過往二十年來自己渾然不知。笑話的大意是，廣播節目主持人不斷接到一名女駕駛來電，即時報告高速公路上的最新路況，因為她說前方的車子竟然逆向行駛對她開過來，嚇她一大跳，她要請行經該路段的駕駛朋友們特別留意。緊接著她又慌張陸續來電，說明不只一輛車逆向行駛，她發現連續兩輛、三輛、十輛車都在高速逆向奔馳。最後終於真相大白，是她自己逆向行駛。

也就是說，如果當你發現周遭的人都是「亞茲伯格」患者時，極有可能：他們都不是，反而是那些「爛問卷」沒有檢測出的自己，才是最嚴重的所謂「潔癖型亞茲伯格症」病患。我們不但沒有發現自己生病，反而認為身旁處處是病人，高傲絕塵的姿態好像《紅樓夢》裡的出家人「妙玉」一般。她總覺得別人都髒，除了對賈寶玉示好外，連農婦劉姥姥喝過的杯子都準備丟掉。後來寶玉請她乾脆送給鄉下人當禮物，妙玉竟說：還好此杯她自己尚未使用，不然必不外流。其實作者曹雪芹在全書的女子金釵裡，最討厭的角色就是被明褒暗貶的妙玉；莫怪眾讀者始終不懂：一生玉潔冰清、人格高尚的妙玉，為何下場反倒是全書最慘——結局是遭到土匪入侵給擄走撿屍玩弄去了，下落不明。

這樣過度清高潔癖的性格繼續影響到，我們人生裡未曾見聞的事，通常就被自己當成了天大的「祕密」；而這些剛好也是別人生命裡新鮮奇特的事，於是就如此四處傳播了「祕密」。多事媽媽的潔癖型亞茲伯格性情，令其自食人生惡果，如今實在是苦不堪言……。我們應該有更寬容開闊的胸襟，去面對自己過往不熟悉的各種陌生情況境遇，不該都像在暗中私下無意間發現了「祕密」一樣大驚小怪！無論男女老少，沒有人應該只能被套上一種規範的人生模式。

孔子所謂「大德不踰矩，小德出入可也」的定義，隨著時代觀念不斷在改變，在在需要我們做父母的虛心學習，也陪著孩子一起適應面對。唯有我們的心裡不再大驚小怪去處理「跟自己不一樣的事」，當成是個「祕密」的話，才能開闊紓解心裡的怨氣，陪伴自己心愛的人兒孤獨勇闖天涯。

最後我想說的是：這篇散文提到的「祕密」，純屬筆者夢中虛構，如有巧合雷同，請大家千萬不要對號入座，也絕對不要說出這個「祕密」哦！

心靈野台戲——街頭上了一堂課

老戲太舊

二〇〇〇年那一晚要不是入夜一場突如其來的大雨，我恐怕不會停留在這基隆路轉敦化南路的高架陸橋的底下，架妥機車跑近來躲雨，隨意在零星的觀眾間，找個前排的凳子坐下——看一齣免費的戶外酬神野台歌仔戲。

我甚至連今天是農曆初幾？是哪位神明大德的升天壽誕都不知道？心裡只是兀自在盤算著：雨什麼時候會停？車什麼時候會少？今天的工作什麼時候可以忙完？明天還要推展什麼計劃又是多少進度？

「你放手，讓我死……」

「大哥，你瘋了，現在金彪、豔紅已經交給本地縣太爺處理了，你又為何要去尋短呢……」

我聽著舞台上頗為俗套的對白，不禁冷冷一笑，看看一旁貼著今晚演出劇碼的紅紙，上面用毛筆寫著：「金不換」三個大字。上下還貼著一些賞錢的數字，「兩千」、「一百」的在風中飄晃。我心裡想：千百年前那種尋死偷生、哭天搶地的劇情，今天居然還在台北大都會高樓林立的金融華廈旁上演？不就是如此嗎？俗不可耐的故事總是出現：一個要死，一個不讓他死；一個拚命想去澄清解釋，一個抵死不從也不肯聽。

但是，當我忽然環顧附近樓宇中一戶戶燈火輝煌的客廳裡，不也一樣正由全家大小排成ㄇ字講話聆訓隊形，面向電視機專心收看的同時，我心裡冷不防打了一記寒顫。因為從八點檔的連續劇到九點半的黃金戲劇線，當前台灣近百個電視頻道又何嘗不盡是像這樣，翻來炒去圍繞這般類似老掉牙的主題，卻一樣能賺人熱淚，依循一個個預約催眠般的敕令準時入座。

到底是現代工業科技造成了人際疏離，而使人改變成完全順從於昧俗文化，還是從古至今人根本就未曾改變過如此的庸俗？還是因為現實生活中，人際之間其實總是缺乏心靈共鳴感動的機緣，所以一旦難得捕捉到一絲絲人情感動的情節，就趕緊奔放氾濫發洩一下？

這千百年以降，可以感動老祖先的，好像也能超越時空來感動我們？要不然幾百年前的「梁山伯與祝英台」、幾十年前的「包青天」，再到十幾年前的「星星知我心」也沒有重拍又叫好叫座的機會了。

一失足成千古恨，忤逆父母逆天倫，
不孝之罪無比論，一死報答雙親恩。

從此前非，誓痛改；
謝你賜我，再生來。

野台小生嘹亮的唱腔迴盪在橋下堆滿凌亂雜物的空間裡，到處是六年國建工程散置的鋼筋和板模，這跟舞台上豔麗油彩潑灑的畫板佈景好似兩個完全不同的世界。野台兩側近在咫尺的車水馬龍則更像是個外星球的航道，時光隧道錯亂的並列在一起。不知誰是始作俑者？放任這南來北往的交通要道，面對小廟口就大大方方的搭起戲台，在焦躁的喇叭聲、急促的引擎聲，交響出馳騁呼嘯的轟隆旋律。台上高亢委婉的「七字仔調」，彷彿也跟著相偕摻拌進了拉雜的混凝土裡。

聽到這段詩句的吟誦，我正忍不住有感於另一種制式化「教忠教孝」的俗套，準備以知識份子的「良知」再加以默默批判撻伐之時，不禁被接下來一段「都馬調」的快板唱腔，給迷魂攝魄般牽引到分了神。或許應該說是：我聽著她賣力的唱腔聽得太過入神了！我所坐的板凳與這名反串小生所站的野台，彷彿捲回了台灣這美麗島一段段，曾經並不甚美麗光彩的歷史時空。

入戲太深

我們台上台下仍然對坐著，周遭伴隨著她流傳自遠古的樂音，一同翻轉的卻依稀是——篳路藍縷渡海東來的前清泉漳先民如車陣魚貫而過、日據時代美軍投擲台北總督府同樣轟隆的黃魚炸彈、二二八武力鎮壓光復初期民怨的烽火呼嘯、解嚴後一次比一次更大規模的街頭請願示威與抗爭流血衝突的焦躁不安……。

小生還是賣力的演唱，再多人她也不會怯場；至於像現在雨中台北這麼少的人，她也能神采奕奕的掌控全局，冷清寂靜還是嘈雜混亂對其而言似乎無分軒輊。至於，遇到像我這種五穀不分四體不勤、看不懂還猛批評犯嘀咕的人客，她照樣有本事氣定神閒，賣力地唱！賣力地演！

浪子回頭金不換！
爹娘寬恕心胸寬！
同享天倫家美滿！
闔家歡樂慶團圓！

當舞台上最後五位演員以四組唱詞，輪流演完烘托的美滿結局（HAPPY ENDING）時，我還沈思於前一段小生壓軸的連串唱腔中，入戲到回不過神來。我已經不再計較詞句中什麼：「投軍報效國家」「善有善報，惡有惡果」……是不是陳腔濫調；因為我更想知道她是如何面對如此觀眾人又少、車輛聲又吵，竟然還能沈得住氣，有板有眼絲毫不馬虎於每一個舉手投足的唱腔身段，甚至還唱的更加投入？

難道我才是劇中那個「回頭金不換」的「浪子」？過去自己是不是總在忙於急切積極的獨立思辨、批評探索中；反而錯失了眼前僅由如此最簡單的現象，所造就出最難以企及的崇高境界呢？

「戲都演完了，你怎麼還不走？我們要收椅子了！」

撿場的工作人員好心提醒著我，卻害得正陷於思緒中理不清的我嚇了一跳！突然起身沒站穩，我居然跌撞碰翻了和保齡球瓶差不多全倒的鐵凳子。「手氣」從沒這麼好，此刻「腳氣」的功力卻震天價響。惹得後台正在卸妝的演員們全都跑出來看，以為若不是有人來砸場踢館找碴，「可能」就是因為官商勾結、偷工減料的大高架陸橋偷偷伸個懶腰，垮了下來。這年頭的台灣有無窮的發展躍進的潛力，當然也擁有一切不可思議現象的可能。可不是嗎？一戶從來沒有坐飛機出過國門的家人，只是坐在家裡像現在每個家庭一樣排好隊形似的看電視，一架從巴里島渡假回來的七四七噴射客機竟然搞錯航道而衝進大園他們家的客廳，嚴重破壞全家專注電視的聽訓隊形，甚至不幸讓沒做過飛機的他們死因全寫著「空難」。

只見剛才那位扮小生的台柱女演員，一手捧著卸妝膏，另一手還隨手抓了根「穆柯寨」裡「楊宗保」用的「梅花槍」，就這麼慌張地跑了出來，真以為又發生以往地方角頭惡霸來討保護費不成，直接敲爛場子。

現在，我和她又在另一個情景下相遇。雖然她還是在花團錦簇的台上，我還是在冷清空洞的台下；但是，這次的我卻似乎可以進入她台上的戲劇世界，因為她正在對我一個人，說著不必打草稿的「台詞」呢……。安定的鋼筋板模、俗艷的油彩佈景，仍然繼續擔任我們無言的見證。

「你還好吧！有沒有跌傷？有要緊嘸？」

幸好兩旁馬路上原本翻騰的喇叭車聲已經隨時間漸晚而略微冷卻，讓我對她講話中氣十足、略帶沙啞的嗓音聽得一清二楚。我深信應該沒有任何一個時代更像這一刻，將台上與台下的距離流轉的如此親切而靠近。我還可以再近一點。不意她已經靈巧地躍下舞台來扶我，卸下裝束的她原來是一個五十幾歲的伯母。我真是神經錯亂還是時空倒置？跌跪在地上的我，此刻更加像極了剛才台上回頭金不換的雅痞浪子，等待我那老媽媽一面把我攙起、一面又寬容原諒這自命不凡、剛愎自用的兒郎。

就從這一幕開始，我們彷彿把人生演出的舞台劇碼從台上搬到了台下，鏗鏘有致的拆卸佈景、收理道具的聲響，取代了台上方才文武場的鑼鼓點。她則由男變女、由年少變老沈、又由古代回到現代。至於我呢！當然正由嫌惡變喜悅、靜默變聒噪、從莽撞的現代文明回溯到了敦厚謙和的古稀風華。

扮戲太真

我們一起由台下一起走回台上、又從前台走入後台，她有感於現在還有年輕人像我一樣，肯來看老戲而對我讚不絕口；我則發現我們的相遇與她的故事這才開始，驚見一個野台戲班的後台裡竟是這般服裝、行頭、飾品、道具……一項項井井有序地排列。她繼續清埋雜物、用酒精噴灑戲服之後，再一件件小心翼翼地放入白鐵做的大道具箱裡。我終於忍不住提出了方才心中那連串的大哉問，順勢一併裹著他手中大把的戲服給塞了過去。她依舊優雅恬淡地回答：

「我們是唱給神明聽的，不是只唱給現場的觀眾聽，更不是唱給那些路過的車輛聽，當然就不必管人少不少啊、車子吵不吵啊！既然都是些無關的人啊車啊的，又幹嘛要費神去在意呢？」

「既然是唱給神明聽的……『人在做、天在看哪』！我有沒有賣力我也不知道？……只不過……你這個問題很奇怪哦……『做事』不是本來就該『賣力』嗎？不『賣力』怎麼會叫做是在『做事』呢？……我真不知道怎麼樣可以『不』賣力去做事耶……」

聽到他這段話我馬上想到：以前當記者的時候有一次聽到一位友台的女記者搶著訪問外交部長，追著問他這次是不是要採取「彈性外交」的政策？立刻被這位資深的政治人物回了一句：

「我不懂妳說的這個什麼『彈性外交』是什麼？外交不是本來就應該是彈性的嗎？你覺得沒有了彈性的橡皮筋還算是一根橡皮筋嗎？」

當年我們眾家記者笑到地上打滾的往事，竟然從那名強出頭的女記者，突然轉到了我自己的身上。對啊！沒有賣力的做事算在做事嗎？真不知道曾幾何時，我們竟然都開始習以為常地學會了虛以委蛇。我們會偷偷地畫分什麼事要全力以赴、什麼事混混就好；什麼人要真心相待、什麼人又只要逢場做戲就行；連大學生也深知什麼課要戰戰兢兢、什麼課可以屌兒郎噹；甚至我也以為什麼國家戲劇院的年度大戲必須緊鑼密鼓、什麼小地方的野台戲就可以敷衍了事、混混過去就算了吧⋯⋯。

在這個即將結束的夜晚裡，剛才她在前台賣力的演，現在我也在後台賣力的演，演出的劇碼都是一九八三年修正校定過的歌仔戲新劇本：「金不換」。身兼團主的她從接下各個廟裡發給的定戲憑單，就要開始全省循線忙著趕場搭野台，生旦淨丑四角輪番上陣。我呢！接下她這幾句隨口的雋永回答，就也開始忙著整理自己心裡、腦海裡、身體血液裡，處處打翻了酸甜鹹苦辣的五味醬。

鄉野民俗敦厚誠摯的輕鬆「四兩」，頓時剝開了我學院理論沉重的「千斤」。我和她的相遇顛覆了以往我所熟悉的許多事物與觀念：像最高學院象牙塔裡每天讓我們高談闊論、喋喋不休的那些所謂「人力資源運用開發理論」、「激勵學習成長公式」，還是一大堆「拓展人際關係」、「確立生涯規劃」、「推銷商品市場」的策略⋯⋯。當然毋庸置疑的是，她也輕鬆顛覆了「行為科學」每試必考的社會學大師馬斯婁「人類五大需求理論」。

從小養女出身的她，八歲學戲到現在五十八歲，一直只是為了養家活口，完全停頓在馬斯婁所謂溫飽的「最低級的需求層次」，如此的動力激發了她去做事、去工作。一直到了現在，她要擔負整個戲班十個人的生計，還要擔負一個早年失婚的單親家庭裡，三個兒子出國讀研究所在溫飽與學費的需求，於是她繼續不卑不亢、平心靜氣地去全省鄉鎮村里扮演每一齣迎神賽會的野台戲。其中沒有假道學冠冕堂皇的說詞，更沒有馬斯婁所謂由「溫飽」必然會提升到為了「安全」與期待「被團體接納」的另兩大基本需求，而是直接跳升達到尋求「榮譽肯定」與「自我實現」的崇高需求境界。

在我眼中的她，照樣時時刻刻誠懇待人、賣力做事，甚至腦海心眼裡壓根兒沒有如何可以不誠懇、不賣力的念頭。我如果再不識相地還要問下去，她必然會類似那名官員般反問我：

「不賣力叫做『事』嗎？不誠懇算是『人』嗎？」

好戲太美

緣。

就在戲班卡車啟動離去前，我把握跟這位現年五十八歲前輩藝人分秒交談的機

這次我不把她看成有如「開喜婆婆」一樣平凡的台灣「查某人」，也不把她當作實驗室裡等待研究解剖的青蛙，更不必再套用任何「大師」生硬的理論強行歸類。此際，我反倒情願讓自己變成一隻溫馴的小白鼠，紅眼圓睜地看著她，珍惜兩個生命難得交會的一刻。

她說自己從幼年那個成天打水煮飯的新竹養女，到今天全省野台戲班最著名的小生，五十年來，她伴隨著台灣社會的轉型、經濟的起飛、歌仔戲的式微沒落與三個兒子一個一個大學畢業，的確並非單純來自所謂「自我實現」的鞭策或是馬斯婁後來添加的宗教道德的情操。平凡的台灣女性即使一生只能像個她說的「青暝牛」（盲牛）一般踏實認份，都能散發出一種質樸又耀眼的生命韌性——那份燦爛的光華足以點亮整個車塵喧囂的台北夜空。

知難行易的她只認知「做與不做」、「要與不要」的差別，並沒有「賣力」與「不賣力」、「誠懇」與不「誠懇」，還是「快樂」與「不快樂」的糾結困擾。看

來北宋大儒范仲淹歷經苦讀寒窗、狀元及第、黨爭傾軋到失意貶謫後才在《岳陽樓記》中領悟到「不以物喜，不以己悲」的人文境界，顯然對於從小跟著戲班四處賣藥學戲的她，早就參透領悟到了。既無處惹此塵埃，自然不必贅述學理、勤拭食古不化的明鏡心台。

然而，戲班裡從小的訓練全靠自己有沒有心，都是在每天半夜和清晨偷偷起床對井賣力喊腔、面牆苦練喉韻，再到刀槍棍棒劍、眼神台步身段、由武到文地反覆操演下，才造就出了一個好演員，卻不能造就出女人一生的好姻緣。幸好我們這個時代提供單親媽媽有著更寬廣的尊嚴與生存空間，遇人不淑留下三個孩子，迫使她重披戲衫唱到現在。歌仔戲巧妙幫助她免於淹沒在傳統主婦的柴米油鹽之中，至今年過半百依然鮮活的保有了屬於自己的志業，不必屈附於任何不合理的男性威權下。

我恍然大悟：她不只賣力地唱給神明聽，其實她更賣力地唱給自己聽。

孩子大了各有一片天，空巢期剩下給她這位傳統母親的又是什麼呢？正是歌仔戲，還有一群死忠的戲迷。有些年輕時就聽她唱戲的粉絲，聽到現在大家都老了，仍追隨著「鴻明歌仔戲團」到各地野台專門欣賞她的演出。目睹她們三三兩兩不時穿梭於後台向她話別的溫馨場面，早已情同姊妹。至於，在歷經早先一年幾十場的盛況，到現在一年只有十幾場甚或幾場的歌仔戲演出中，更為自幼輟學的她開啟了一扇「歷史的窗」與「地理的窗」——經由一齣齣忠孝節義的歷史故事劇，她融入歷代將相俠士悲歡離合的心靈世界、閨秀宮幃委婉曲折的悲歡歲月；並且，從傳統拉回到現代，她隨著野台演出邀約跑場台灣三一九鄉鎮各地，同步見證著台灣半個多世紀以來城鄉都會消長的滄海桑田。

野台清理完畢，劇團整裝上車，我和她的戲迷姊妹們一樣與她相約下個星期天，農曆三月二十三媽祖生日時到松山慈祐宮再見面。看著卡車都駛遠了，我還坐在空蕩蕩的陸橋下自己騎來的機車上，清理著自己心靈那方寸間，一座剛剛經過曝曬洗禮過的野台。

下一次我的機車還是會孤獨地行駛經過這裡的。或許屆時野台上將被暴露火紅的鋼管辣妹所取代，輕解羅衫的鶯聲艷舞早已攻佔全省廟會的地盤上，一步步蠶食鯨吞，又席捲近逼著說忠道孝、吟頌唸唱的傳統歌仔戲曲。但是，從今以後在我的心靈深處將有一個街頭的野台上，永遠演出著今晚的戲碼。

對了！就是這齣「從此前非，誓痛改；謝你賜我，再生來」的「金不換」。

拾起一朵木棉花——無處不在的溫柔敦厚

無花

好久沒有騎摩托車馳騁在台北市壅塞的車陣中，尤其在這陰雨的冬天剛過，趁著連綿梅雨來襲的空檔，正好可以推出那輛老舊的機車，輾過難得乾爽又平坦的馬路。

捷運的施工、地鐵的圍欄，外加增設管線的零星工程，讓這幾年的台北始終像個蒙塵的灰姑娘，邋邋遢遢地東破一處、西補一塊的。機車騎士用「肉包鐵」的行進方式，自然是最能體會台北市路況的一群人。畢竟馬路上到處一個坑洞、一塊突丘，對於機車騎士來說自然會晃盪出心中顛顛簸簸的心情。儘管如此，我還是喜歡戴著安全帽與口罩，穿梭在一動也不動的塞車陣中努力扭動方向把手向前推進。我特別喜歡偷瞄一眼，行經的轎車裡為堵塞的交通正氣急敗壞的名媛紳士，然後拋下他們擱淺在這街頭「大停車場」上的賓士奔馳、BMW寶馬、富豪，揚長而去，好不稱心快意。不過，每當紅燈乍現時，我總會停下來環顧身旁似乎顯現並不像我一般稱心快意的機車騎士——他們總是用一雙木然的眼睛盯著紅燈，或是轉向車道正行進間的綠燈號誌。

台灣的駕駛在街頭唯一能做的事，似乎除了偶爾的請願抗議以外，只有如此。

今天的復興南北路似乎特別漫長，才幾步就一個紅燈又一個紅燈，大概是下班時間車流量大，路旁的雙排停車又多，外加交通警察控制燈號，以致秒差改變……，諸多因素縈繞在我的心頭，大家面對艷紅的燈號也不知所措。

賞花

當我正低頭查看到底是附近哪一輛機車冒的廢氣那麼大時，我的心突然被另外一種艷紅的影像攫住，使我一時連那惡臭的廢氣都當成是綜藝舞台上幻美的乾冰。原來這影像正是兩朵豔紅的木棉花，不偏不倚地掉落在我的機車旁，前、後輪平行一公尺處各一朵。哦！肥厚多汁的木棉花還是硬挺挺的延伸著叢生的細蕊，保持它在枝頭的尊貴，一點都不像是辭枝的落英。

我看得出神，因為我從來沒有在台北市區的馬路上看到如此鮮艷的色彩。木棉花簡直是把灰澀黯淡的柏油路當成了寬廣遼闊的畫布，傾注它今生所有的美麗豔彩，一起攤放粧點這灰澀黯淡的城市。

然而，這個城市、這城市上的街道、這街道上的車輛、這車輛上的人群又是怎樣對待它們呢？——其實也很簡單，疾駛的車輪重重地壓過這城市的街道，也壓過了端莊飽滿的木棉花，留下的盡是一灘灘爛果醬般的花蒂殘瓣。等到車輛一再反覆輾壓過後，木棉花也逐步融入了台北灰澀黯淡的暮色中，或許明朝清晨還換得清道夫皺著眉頭，煩心打掃清理的表情。

拾花

我注意到自己身後其他幾朵已經被壓得不成花形的木棉，好不心痛，於是毫不猶豫地把機車斜傾，再努力地伸長右手去撿拾這兩朵剛剛辭落枝頭的木棉花。等我把它們捧在手中，像是獲得兩頂鑲滿珍珠寶鑽的皇冠，端詳再三、愛不釋手。猛一回神，這才警覺到：一旁眾多的摩托車騎士、轎車和計程車的駕駛，以及像沙丁魚一樣擠在公共汽車裡的的乘客……，彷彿被我此際的一舉一動強烈牽引，這一刻每個人的雙眼似乎都流露出了一份柔軟的敦厚，與我這安全帽壓克力擋風蓋下、厚厚的口罩上的眸子相互觸擊……。

這次當綠燈號誌亮起之後，大家平均慢了三秒鐘才出發。人車繼續匆匆前進，我手中帶走了木棉花；這個片刻我也意外地讓身旁的每一個人，都在「腦海」中帶走了一朵木棉花，「心田」上更被種了一朵木棉花。下一次，如果時間允許、空間適合，他們也將會下車來撿一朵墜地的木棉花，珍愛的捧在手心，就像珍愛我們這個些許紊亂卻又充滿生命力的城市。

現在這兩朵木棉花還是放在我的書桌上，雖然看著它們一天一天的乾皺枯黃，甚至當梅雨潮濕的鋒面過境北台灣，還看到它們的細蕊間橫生了不少白色的黴菌，必須用小棉花棒來回輕輕地拂拭。但是，我始終覺得：我依然保有那初相逢時艷紅鮮美的記憶，尤其是在那一片清貧如洗的灰澀黯淡中，目睹整個城市與人們都掏出了深藏內心的溫柔敦厚、浪漫情懷……。

現在，只要想到這一幕，我的心就會變成為一條開滿花海的木棉道，四季都熊熊燃燒著一種難以言喻的燦爛光華。當有一天這種溫柔敦厚的浪漫情懷感染到了我們整個社會人群的時候，一切都會因著朵朵豐厚美麗的木棉花，讓這個我們熟悉的灰暗城市變得充滿光彩，比現在更可愛！

都會夢想在飛
——看見一艘飄在空中的船

造夢

在書寫落筆的這一刻，突然回憶起三十年前和蘭嶼朗島的達悟雅美人共同划兩艘十人大獨木舟，一起下海捕飛魚的往事。

其實在捕魚之前我已經睡在蘭嶼朗島國宅的屋頂上三天了，青年帶我去求了長老好幾回，他才默許我的同行。事實上，他並未答應，只是暗示我明早五點去海邊等。後來才知道：傳統習俗害怕惡靈破壞，所以捕魚前一天雅美族人絕不能說。至於，漁團的出發就全靠族人的直覺與默契，一早男人們會自動到岸邊集合卻不發一語，隨後二十人自動分為兩組爬上兩艘大獨木舟默默操槳出海，仍然無聲無息。

坐在船尾的長老能叫出每一塊朗島附近海域的名字，更能憑經驗追逐飛魚群迴游的路徑。兩船會在盡頭處包夾並將大網垂放入海、指示青年依序魚貫躍入水中打水驅趕魚群、再憋氣潛下海底拉起魚網撈圈住魚群、捕得後每次輪流把魚貨輪流倒進兩艘獨木舟裡。豐收六次之後立刻打住，絕不竭澤而漁。大家這時可開始講話唱歌，歡欣鼓舞地划動雙槳繞過海中標記的雙峰石，這就一路把兩艘毫無機械動力的獨木舟划回到朗島的岸邊。

緊接著朗島村裡熱鬧非凡，所有村民齊聚一堂，我們在男人豐收歌的樂聲和婦女頭髮舞的擺盪中，榮耀登岸，大家歡聲雷動。繼續在岸邊平坦的空地上，展開清點後均分漁獲給全村裡的每一個大人小孩、男女老少，不論有沒有加入捕魚的行列都有，連我都分得了四十二尾飛魚。直到現在，這些飛魚還冰在我台北家冰箱裡的冷凍庫珍藏著。

幾年後我又經過一段又一段的長途旅行，回到台北我當下決定傾所有積蓄把幾年前在花蓮秀林藝品店裡，看到的一艘古董級的蘭嶼大獨木舟買回來。實在不願讓這些已經快失傳的文物再流落到外國收藏家之手；當然更重要的意義是每當我再看到這艘真正下過水、補過飛魚的木頭拼板紅黑白三色雙人獨木舟，我都會想起這一段目前已經在蘭嶼島上近乎失傳消失的古老傳統捕魚記憶。

為了圓這個夢，我聯絡到店家，約妥老闆在即將到來的週六午後，開個大卡車把獨木舟載上我在台北市區的住家。那幾天裡我的臉上總是洋溢著快樂喜悅又不時閃動著美好期待的笑容；不過，隨後我們就為了如何將這艘長達十一呎，約三百三十多公分的蘭嶼雙人獨木舟搬上公寓大廈五樓而傷透腦筋。畢竟，這種尺寸既塞不進電梯，也無法在樓梯間轉進動彈，唯一的方法只有用懸吊的方式向上拉抬牽引。

圓夢

聰明的老闆多懸了一根粗麻繩在船體的內側，以便在獨木舟經過二樓和四樓窗外伸出的花台盆景時，能向外拉彈、迅速翻過超越。不料把獨木舟拚命地拉到四樓時，卻因為勾到防盜鐵窗邊框給卡住了，就此上上下下，一度進退不得。幾經調整，我又大費周章卸下自己五樓整排的窗子後才拉升到位、扛進室內，上面下面搬運的人全部都累得人仰舟翻。

在台北擁擠的巷道裡搬運這樣一個龐然巨物，自然吸引到不少路人駐足仰頭圍觀，尤其是我住的這一棟正是面對敞向著公園的大樓，看過去右邊是玻璃帷幕的金融大樓區、左邊則是種花晾衣的住宅生活區，同樣都是七層以上的樓宇，彼此三角環繞。只見左斜面擁擠的公寓陽台上，冒出了很多從未謀面過的鄰居；右斜面則在辦公大樓的彩色落地玻璃後，站著一些週末下午加班的白領、粉領職員。他們都在不約而同地、用心注視著我的這一艘拉升中的獨木舟。

剛開始自己有點不好意思，為了一艘大船搬運弄得如此勞師動眾，還引人側目。但是不一會兒，我在使勁拉舟驚險萬分之際，卻不經意瞥見這來自樓上樓下、各層各面的都市人們所投注過來的那一種非常特別的眼神，竟是如此難得的認真、敦厚而誠懇。他們共同盯著這一艘原本只會在蘭嶼東清灣和朗島村出現的獨木舟，心裡可能在想：好美的船；怎麼可能在這個一成不變制式化的城市都會裡，還存在這樣一個人，想要擁有存在著這樣的一個夢，而且還要把它保守實現在自己五樓狹小的公寓裡？

或許「擁有一艘船」其實是每個都市人曾經共同的夢，只是外在現實生活的限制，讓大家一個接著一個的都放棄了或是忘記了類似的夢想；今天卻驚見還是有人仍在追尋也實現了這個遙不可及的夢。

我忍不住再多瞧了大獨木舟兩眼。

這艘實際下過海、經由雅美達悟族人用木片、卡榫手工製作的拼板漁船，沒有一根鐵釘，兩頭尖翹像個大菱角元寶。船身則是鮮明的色澤雕刻著白底紅黑線條的圖案，抽象的人形與海浪線條如此靈活生動。特別是船首和船尾兩端插著編織精細用以避邪的雞羽，一起交織在我五樓的窗台邊迎風搖擺，像極了大鵬鳥擺動的羽翼，揚升起每個都市人大鯤魚「逍遙遊」的圓滿美夢。遙想當年這艘獨木舟初次下水傳統祭典的熱鬧光景，恐怕也不過就是如此吧！

看來，我彷彿無心插柳柳成蔭，為不少都市人圓了一個奇幻的夢。

總算整理佈置好獨木舟擺設的位置，房間已經被占了一大半。當床也好、當桌也罷，現在我把自己的蘭嶼夢終於實現在我家裡最重要的位置了。

笑夢

既忙又累更餓了一天，到晚上才第一次下樓出去吃飯，電梯門到一樓剛打開，立刻就被大樓的管理員老伯嚴肅地叫住。他猶豫了一下才慢條斯理地問我：「你家是不是有一個外星人的飛碟……？哦……我是說，那種會『飄』在天上很大的一艘太空船……？我問過六樓和七樓，他們家都說：沒有！」

我索性照實招供，簡潔回答到：「是！」

緊接著開始一問一答：

「是今天下午吊在外面拉上去的嗎？」

「對」

「哦」

「啊」

「哇」

老管理員終於如釋重負般的吐了一口氣，嘀嘀咕咕地用他濃重的河南口音說：

「那小寶就被他媽給打錯了，我得趕快告訴王太太！」

我不明究理，只有一頭霧水地追問原委，老伯才娓娓道來：「你們下面四樓那個五歲的小寶啊！你——哦！可能你也沒見過。今天下午老是跑到廚房吵他媽媽，一直說什麼『外面有一艘大船在天上飛』。他媽媽，就是那個王太太啦——哦！你大概也搞不清是哪一個人。反正她就怪小寶騙人說謊，總是挑大人最忙的節骨眼來搗蛋湊熱鬧。沒想到打了小寶兩次，他卻還是跑來說：『外面的大船還在窗外飛，甚至現在還降落在我們家窗外的花盆上了。』他媽媽當然不信，怎麼可能都市裡會有個飛碟跑到她家來！一定是小孩子科幻電影、網路遊戲，還是爛電視節目看太多了！怎麼辦呢？雙手沾著滿是洗碗的肥皂水，只有硬著頭皮出來看看！想想小寶那麼認真，搞不好外星人真的來接引她去一個不要再做家事的地方。結果火冒三丈，生氣地發現眼前窗外什麼也沒有。於是，王太太狠狠再揍了小寶一頓。哦！一直哭到現在呢！」

聽完，我又驚訝、又歉疚，但是想到那些巧合的時機過程，實在忍不住大笑，差點笑到快要對著管理員噴個他滿臉口水。

強忍下，請他代我致歉後，開門走出去。

用力關上鐵門，我已經笑癱在大門上糊成了一團。根本不管路人是不是又見到一件比「外星人飛船在飄」更奇怪的事，隱約間我好像還真的聽到小寶的哭聲。心中歉疚但眼角還是笑出了淚光，這樣的故事完全超越了眼前台北都會昏暗公園和狹擠壓縮大樓裡的做夢想像空間，特別是超越了那些快速閃爍穿梭於巷弄中的車燈與煩躁的喇叭聲。這些都曾經是讓我驚恐、排拒想逃離台北的原因，現在卻因為笑，讓整個城市霎時變得如此可愛。

從今天下午人們專注投入的眼神，到小寶同樣專注投入的稟告母親、誤會被打、哭到現在，其實都證明：我們還是活在一個有夢想也有感動的社會，一種生命最平凡真摯又鮮活的寫照。

誰說這些柴米油鹽的生活瑣碎中，未曾展現出另一種海闊天空的情懷呢！

展閱時代脈動
——採訪人生歷史情懷

作　　者　眭澔平
編　　輯　龐君豪
版面設計　菩薩蠻數位文化有限公司
封面設計　楊國長

發 行 人　曾大福
出版發行　暖暖書屋文化事業股份有限公司
地　　址　台北市大安區青田街 5 巷 13 號
電　　話　886-2-2391-6380　傳真　886-2-2391-1186
出版日期　2025 年 01 月（初版一刷）
定　　價　450 元

總 經 銷　聯合發行股份有限公司
地　　址　231 新北市新店區寶橋路 235 巷 6 弄 6 號 2 樓
電　　話　02-2917-8022　傳真　02-2915-8614

印　　製　成陽印刷股份有限公司

國家圖書館出版品預行編目 (CIP) 資料

展閱時代脈動：採訪人生歷史情懷／眭澔平作 . -- 初版 . --
臺北市：暖暖書屋文化事業股份有限公司，2025.01
　面；　公分
ISBN　978-626-7457-24-5（平裝）

1.CST：臺灣社會　2.CST：報導文學
540.933　　113020739